I'm watching from the wall
As in the streets we fight
This world all gone to war
All I need is you tonight.

P.J. Harvey

Do Nilton Nascimento Reis

BUÍOCHAS

Tá mé faoi chomaoin mhór ag gach duine in Tancredo Neves a chabhraigh liom mo chuid fiosrachta a shásamh ann, ach tá buíochas ar leith tuillte ag Nilton Nascimento Reis, a thug go Tancredo Neves mé an chéad lá riamh agus a chabhraigh liom go mór leis an taighde don leabhar seo. Buíochas freisin le foireann Cois Life as a gcuid muiníne, comhairle agus tacaíochta; le John Walsh as an bplé rialta maidir le cúrsaí téarmaíochta agus le Seán Tadhg Ó Gairbhí as an réamhrá breá. Ar deireadh, buíochas mór le Naná, máthair Nilton, agus Nonny, mo mháthair féin, beirt bhan mhórchroíocha ó dhomhain fhíor-éagsúla a chuir suas liom go foighneach fad is a bhí an leabhar seo á chur i dtoll a chéile agam ina gcuid tithe.

NÓTAÍ

Baintear leas as a lán téarmaí Portaingéilise sa saothar seo. Faoi chló iodálach atá siad, seachas ainmneacha daoine agus áiteanna, agus an focal 'favela' féin a bhí an-choitianta sa téacs. Mínítear formhór na dtéarmaí sa Ghluais ar chúl an leabhair.

Alex Hijmans, an t-údar, a ghlac na grianghraif.

CLÁR

RÉAMHRÁ

THE DUTCH GUY wHO SPEAKS iRISH

'Ní aimseoidh tú ceachtar acu, "Beirú" ná "Tancredo Neves", ar léarscáil na cathrach,' a scríobhann Alex Hijmans agus é ag cur síos ar chonspóid faoi ainm an cheantair ina bhfuil *Favela* lonnaithe. Tá timpeall 180,000 duine ag cur fúthu sa bhruachbhaile bocht seo sa Bhrasaíl nach bhfuil fáil air ar an léarscáil oifigiúil. 'Ní mheasann lucht déanta na léarscáileanna go bhfuil rud ar bith, nó pobal ar bith, san áit seo is fiú a chur ar mhapa,' a deir Alex.

Ní cúis iontais dom gur aimsigh Alex Hijmans ábhar leabhair i gceantar a ndéanann na léarscáileanna oifigiúla neamhaird de. Níor spéis leis riamh cloí leis an scéal ba lú a chuirfeadh stró ar dhuine ná sa treoirleabhar ba mó a chuirfeadh an taistealaí ar a shuaimhneas. Is cuma cá mbíonn sé, bíonn sé amhrasach i gcónaí faoin léarscáil údaraithe, agus fiosrach faoin méid nach bhfuil le feiceáil air. Nuair a tháinig sé go hÉirinn den chéad uair ba iad na focail Ghaeilge ar na comharthaí bóithre, an mhionteanga sa chló Iodálach beag seachas an Béarla 'oifigiúil', a tharraing a shúil agus a shamhlaíocht. Dhein sé cinneadh an uair sin go bhfillfeadh sé ar Éirinn chun an teanga choimhthíoch sin a shealbhú.

Nuair a chuaigh Alex chun na Stáit Aontaithe chun toghchán Uachtaránachta 2004 a chlúdach do *Foinse*, dhírigh sé ar cheisteanna cultúrtha agus creidimh seachas ar na mórthéamaí, ar nós chogadh na hIaráice, a bhí ag dó na geirbe ag formhór na saineolaithe ag an am. Chuir Alex an léarscáil oifigiúil ar leataobh arís chun díriú ar phobail agus ar áiteanna inar aithin sé gné eile den scéal - na '*hot-button social issues*' ar aontaigh gach aon duine ina dhiaidh sin go raibh baint an-mhór acu le hatoghadh tubaisteach George W. Bush. Chuaigh sé go Provincetown, príomhchathair an tsaoil aeraigh in New England agus thiomáin sé tríd an *Bible Belt* ó oirdheisceart Ohio (ceann de na háiteanna is boichte sna Stáit) trí Kentucky, Tennessee, North Carolina agus Virginia go Washington DC. Fear *Gonzo* na Gaeilge a bhí ann.

In *Favela* tá sé ag scríobh arís faoi chúrsaí creidimh agus faoi impleachtaí fhás dochreidte an phrotastúnachais shoiscéalaígh sa Bhrasaíl, an tír leis an daonra Caitliceach is mó ar domhan (ina mbeidh 50 faoin gcéad den daonra ina bProtastúnaigh shoiscéalaíocha faoin mbliain 2022, má leanann an fás ar an ráta céanna agus atá ann faoi láthair). Beidh sé seo ina scéal mór amach anseo.

Chuireas aithne ar Alex Hijmans ar dtús i Meán Fómhair 1995 nuair a cuireadh in aon árasán sinn i mbloc Gaeilge Bhaile na Coiribe, baile cónaithe na mac léinn i gColáiste na hOllscoile, Gaillimh. Bhí Alex ag gabháil don Léann Ceilteach. Tráth é nach raibh borradh ceart fós faoi phobal na nÉireannach nua agus ba dhíol spéise lasmuigh agus laistigh de shaol na Gaeilge sa choláiste an '*Dutch guy who speaks Irish*'. Ba mhinic agus sinn amuigh go gcuirtí ceist air, '*Are you the Dutch guy who speaks Irish?*' Go deimhin, sin mar a chuirimis ár gcara nua in aithne do dhaoine agus fios maith againn nár thaitin an lipéad sin - ná lipéid leisciúla ar bith - in aon chor leis an '*Dutch guy who speaks Irish*' féin. Oíche amháin chuir duine éigin ceist ormsa arbh mé an '*guy*' a bhí ina chónaí leis an '*Dutch guy who speaks Irish*'.

Ba chúis magaidh eadrainn an *'Dutch guy who speaks Irish'* ach b'fhíor agus is fíor fós gur duine ar leith é Alex Hijmans a bhfuil ár suim tuillte aige féin agus ag a shaothar.

Tá scéal suimiúil, mar shampla, ag roinnt le scéal na gcomharthaí bóthair sin a threoraigh Alex i dtreo na Gaeilge. D'inis sé dom oíche amháin, agus seans go raibh braoinín de Chateau na Coiribe, *mis en bouteille à* Árasán 18, faoin bhfiacail againn, go raibh leagan den sinéistéise air, feiniméan néareolaíoch a mheascann na céadfaí nó go bhfeiceann an té a bhfuil sé aige dathanna éagsúla san áit nach bhfeiceann an gnáthdhuine ach gutaí éagsúla na haibítre. Dúirt sé go ndearna an Ghaeilge a chonaic sé ar chomharthaí bóthair na hÉireann agus é óg an patrún ab áille dathanna a chonaic sé riamh.

Shamhlaíos i gcónaí mar scéal rómánsúil an scéal taobh thiar de chaidreamh Alex leis an nGaeilge agus féach gur scéal grá de shaghas eile a thug air aghaidh a thabhairt ar bhruachbhaile bocht sa Bhrasaíl.

Dála na n-iriseoirí is fearr, is duine neamhspleách, neamhfhaiteach é Alex (cuimhneoidh mé go deo ar líne i léirmheas leis inár dhúirt sé go raibh an chuma ar sheit dráma sa Taibhdhearc gur fágtha faoin stáitse le fiche bliain a bhí sé, agus go raibh 'an chuma chéanna ar chuid de na haisteoirí ann').

Sea, tá an neamhspleáchas, an t-amhras agus an fhiosracht - sa chiall is fearr den fhocal sin - go domhain sa bhfeo ann, ach dála na n-iriseoirí agus na scríbhneoirí is fearr amuigh tá na tréithe sin fréamhaithe san idéalachas.

Chuaigh sé chun cónaithe in Tancredo Neves, an bruachbhaile bocht is contúirtí in Salvador, le 'maireachtáil cosúil le Nilton', le go dtuigfeadh sé cárbh as do ghrá a shaoil.

Bhí ar Nilton a rá leis go raibh sé 'as a mheabhair' nuair a dhiúltaigh sé dul go clinic príobháideach agus é buailte ag drochthinneas.

'Dá mbeadh an t-airgead agam féin rachainnse chuig clinic príobháideach freisin', arsa Nilton go neamh-mhaoithneach.

Saghas tum-iriseoireachta atá á cleachtadh ag Alex sa saothar seo. Lena phrós gléineach soléite tugann sé ar aistear i dtreo na tuisceana sinn. Treoirleabhar neamhchoitianta atá in *Favela* faoi áit neamhchoitianta, an saghas áite nach dtabharfaidh ár bhformhór againn cuairt uirthi go deo.

Ach seo romhainn ina steillebheatha cúlsráideanna Tancredo Neves, a gcuid fuaimeanna, a ndathanna agus a mbolaithe. Seo romhainn ina steillebheatha cultúr agus pobal ar leith. Tá *Favela* lán le scríbhneoireacht den scoth agus le smaointeoireacht théagartha ar an iliomad téamaí, ina measc an caidreamh casta idir saibhir agus daibhir, idir dubh agus bán, idir naofa agus saolta. Scéal é faoi phobal daoine a chothaíonn a chéile in ainneoin na hanachana, agus scéal é a thugann dúshlán ár gclaontachta róchompordach i leith an iliomad ábhar. Tuairisc ón 'imeall' é, ach folaithe inti tá cuid mhaith den fhírinne faoin 'lár'.

Fear ildánach é Alex Hijmans - tuairisceoir, léirmheastóir, scannánaí, aistritheoir agus scríbhneoir cruthaitheach. Ba úinéir caife tráth freisin é agus braitheann cuid de lucht caife agus cabaireachta na Gaillimhe uathu fós a Bhananaphoblacht ar Shráid Dhoiminic mar a mbíodh anraithí aite idirnáisiúnta á dtairiscint aige trasna an bhóthair ó Chlub an Chonartha. Bhí Alex ar a chompord sa dá áit.

An neamhspleáchas agus an leathanaigeantacht na buanna is mó a shamhlaím le saothar Alex Hijmans agus tá na buanna sin le sonrú arís sa leabhar iontach seo.

Táim buíoch gur chuireas aithne ar an *'Dutch guy who speaks Irish'* agus ba chóir do phobal léitheoireachta na Gaeilge a bheith buíoch gur chuir sé aithne orainne agus gur aimsigh sé inár dteanga léarscáil nach bhfuil aon teorainneacha air.

Seán Tadhg Ó Gairbhí
Eagarthóir *Foinse*

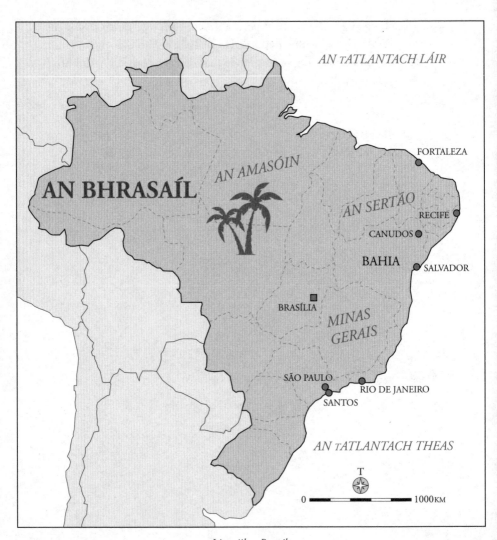

AN tATLANTACH LÁIR

FORTALEZA

AN AMASÓIN

AN BHRASAÍL

AN SERTÃO

RECIFE

CANUDOS

BAHIA

SALVADOR

BRASÍLIA

MINAS GERAIS

SÃO PAULO

RIO DE JANEIRO

SANTOS

AN tATLANTACH THEAS

T

0 _____ 1000KM

Léarscáil na Brasaíle

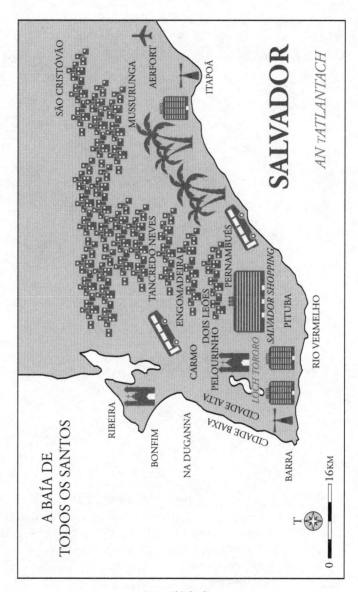

Léarscáil Salvador

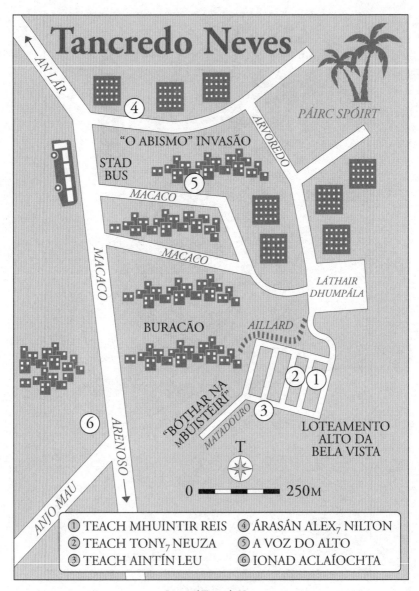

Tancredo Neves

AN LÁR

ARVOREDO

PÁIRC SPÓIRT

④

"O ABISMO" INVASÃO

STAD BUS

MACACO

⑤

MACACO

MACACO

MACACO

LÁTHAIR DHUMPÁLA

BURACÃO

AILLARD

"BÓTHAR NA MBÚISTÉIRÍ"

MATADOURO

② ①

③

LOTEAMENTO ALTO DA BELA VISTA

⑥

ARENOSO

ANJO MAU

T

0 ▬▬▬ 250M

① TEACH MHUINTIR REIS   ④ ÁRASÁN ALEX₇ NILTON
② TEACH TONY₇ NEUZA   ⑤ A VOZ DO ALTO
③ TEACH AINTÍN LEU   ⑥ IONAD ACLAÍOCHTA

Léarscáil Tancredo Neves

BROLLACH

AR THÓIR AN TSONAIS I mBRUACHBHAILE BOCHT

Ar 1 Eanáir 2007, bhí mé ag siúl liom féin ar thrá álainn, uaigneach i dtuaisceart na Brasaíle agus rinne mé cinneadh mo phost mar thuairisceoir le Nuacht TG4/RTÉ a thabhairt suas.

Ní raibh baint ar bith ag an trá le mo chinneadh. Ní ar thrá bhán thropaiceach a bheinn ag filleadh ach ar favela Tancredo Neves, an bruachbhaile is boichte agus is contúirtí in Salvador, ceann de chathracha ollmhóra Mheiriceá Theas. Seachtain nó dhó roimhe seo tharla an teagmháil súl ba chúis le mo chinneadh, i siopa caifé agus tobac i bhfoirgneamh ársa, coilíneach, i lár Salvador.

Bhí mé ag taisteal timpeall na Brasaíle ar feadh trí mhí ag an am, ar bhuiséad íseal, agus bhí bealach iontach aimsithe agam le hairgead a shábháil agus aithne níos fearr a chur ar mhuintir na Brasaíle ag an am céanna: an suíomh www.couchsurfing.com. Gréasán ar líne é seo trínar féidir le taistealaithe tolg na hoíche a lorg i dteach cairde nár chas siad cheana leo.

Gach lá beo, tá nach mór 4,000 duine ag surfáil ar cheann de na 512,000 tolg atá liostáilte ar an suíomh, ar fud an domhain. Is iomaí cúis a bhíonn ag daoine dul ag surfáil ar tholg strainséara, nó ligean do strainséir fanacht ar a dtolg féin. Tá daoine ann cosúil liomsa, nach bhfuil fonn orthu airgead a chaitheamh ar óstán neamhphearsanta nuair is féidir leo fanacht i dteach duine de mhuintir na háite agus aithne níos fearr a chur ar an tír ina bhfuil siad ag taisteal. Ar an lámh eile tá daoine ann nach bhfuil an t-airgead acu dul ag taisteal agus a gcuireann tolgshurfáil ar a gcumas aithne a chur ar chuairteoirí ó thíortha eile ina dteach féin.

Bhí Nilton Reis ar dhuine de na daoine seo. Fear óg as bruachbhaile bocht ar imeall Salvador, a raibh fonn millteach air Béarla a fhoghlaim ach nach raibh an t-airgead aige íoc as cúrsa Béarla i scoil phríobháideach, gan trácht ar thaisteal thar lear chun Béarla a fhoghlaim sna Stáit Aontaithe, i Sasana nó in Éirinn. Shocraigh Nilton próifíl a chruthú ar www.couchsurfing.com agus cuireadh a thabhairt don domhan mór fanacht ar urlár a sheomra i dteach a mhuintire i favela Tancredo Neves. Bheadh sé in ann a chuid Béarla a chleachtadh leis na taistealaithe idirnáisiúnta a d'fhanfadh ina theach.

D'éirigh thar cionn lena phlean. Bhí cuairteoirí ó na ceithre hairde ag Nilton: taistealaithe as an Astráil, ón Airgintín agus ón bPolainn ina measc. Fad is a bhí saoire ag Nilton ón Ollscoil bhí a sheomra ag cur thar maoil: bhí mise ag roinnt an urláir le Mikael, fear óg as an tSualainn, agus le Ksenia, bean óg ó oileán Sakhalin in oirthear na Sibéire. Agus le Nilton féin, ar ndóigh.

An bhfuil tolgshurfáil contúirteach? Céard faoin gcéad riail a mhúineann tuismitheoirí dá bpáistí: 'Ná lean strainséirí!'? Ar an gcéad dul síos, creidim go láidir gur cheart rialacha a bhriseadh ó am go chéile. Sa dara dul síos, casann tolgshurfálaí cliste leis an té a bhfuil sé ar intinn aige tolg a thairiscint dó in áit phoiblí roimh ré. Sin an chaoi ar tharla mise agus Nilton Reis, an fear a phós mé bliain go leith ina dhiaidh sin, trasna óna chéile i siopa tobac. Idir na todóga agus na pónairí caife, dhá earra a bhfuil clú agus cáil ar Salvador mar gheall orthu leis na céadta bliain, a tharla an splanc eadrainn a thug orm slán a fhágáil le mo phost agus slán a fhágáil le hÉirinn - tír ina raibh an tríú cuid de mo shaol caite agam.

Ach níorbh é an grá amháin a thug orm aghaidh a thabhairt ar an mBrasaíl. Le linn na laethanta a chaith mé i dteach mhuintir Reis in Tancredo Neves bhlais mé áit agus saol a bhí chomh difriúil leis an saol in iarthar na hEorpa a raibh cleachtadh agam air, nach raibh rogha agam ach teacht ar ais. Anuas ar an bhfiosracht, bhí rud éigin feicthe agam in Tancredo Neves nár thuig mé.

Bíonn íomhá ghruama againn san Eoraip de bhruachbhailte bochta na Brasaíle. Áiteanna contúirteacha iad na favelas; slumaí plódaithe ina bhfuil mangairí drugaí i gceannas agus ina bhfuil gunnaí ag na páistí. Áiteanna nach bhfuil iontu ach fulaingt, nach bhfuil bealach amach as an mbochtanas. Tá an íomhá sin bunaithe ar scannáin iomráiteacha ar nós *Cidade de Deus* ('City of God', Fernando Meirelles, 2002) agus *Tropa de Elite* ('Elite Squad', José Padilha, 2007) a chruthaíonn pictiúr duairc den fhoréigean agus den bhochtanas sna favelas agus ar gháifeachas mhórchuid na dtuairiscí nuachta a thagann chugainn as bruachbhailte bochta na Brasaíle.

B'in an íomhá a bhí agam féin de favelas na Brasaíle sular chaith mé seachtain ar an urlár i dteach mhuintir Reis. Ach ba leor lá amháin sa favela le cur ar mo shúile dom go bhfuil an dearcadh Eorpach ar áiteanna mar Tancredo Neves míchruinn, nó ar a laghad ar bith, aontaobhach. Cinnte, chonaic mé bochtanas a luaithe is a chuir mé cos sa favela an chéad uair. D'inis Nilton agus a mhuintir scéalta faoi fhoréigean dom féin, Ksenia agus Mikael. Ach chomh maith leis sin, chonaic mé mná ag siopadóireacht agus ag déanamh a ngnóthaí gan scáth gan eagla, fir óga ag imirt peile, seanfhir ag imirt cártaí agus ag caint faoi chúrsaí an tsaoil ag cúinne na sráide. Chonaic mé pobal a bhí ag feidhmiú mar phobal. Ní hamháin sin, chonaic mé gáire, spleodar agus spraoi. Chonaic mé daoine a bhí sásta lena saol. Daoine sona. Neart ann acu! Agus thug mé faoi deara tar éis tamaill ghairid go raibh dearcadh i bhfad ní ba dhearfaí ar an saol ag na daoine seo ná mar a bhí ag go leor daoine a raibh aithne agam orthu san Eoraip.

Cén chaoi a bhféadfadh daoine i gceann de na háiteanna is boichte ar domhan a bheith chomh sona sin? Cén chaoi a bhféadfaidís a bheith níos sásta lena saol ná daoine i gcuid de na tíortha is saibhre ar domhan? Shocraigh mé filleadh ar Tancredo Neves. Ní ar mhaithe le Nilton amháin, ach chun teacht ar rún mhuintir na háite. Rachainn ar thóir an tsonais i mbruachbhaile bocht.

YOU'VE GOT TO TRY THE NEW ICE CREAM FLAVOUR

Níl pléisiúr ar bith ar domhan inchurtha le ceann scríbe a bhaint amach tar éis aistir fhada, agus tá sé deacair ceann scríbe a shamhlú atá inchurtha le cathair Salvador. Baineann an radharc trí fhuinneog an eitleáin an anáil ó gach uile thaistealaí. Tá a fhios seo ag na píolótaí. In ionad tuirlingt caol díreach ag an aerfort, atá ar an taobh ó thuaidh den chathair, eitlíonn siad ó dheas thar an gcathair ar dtús. Casann siad os cionn an chuain ina dhiaidh sin chun filleadh ó thuaidh i dtreo an aerfoirt, ag ísliú ar feadh an ama.

Tá aistear fada curtha díom agam: eitilt naoi n-uaire an chloig ó mhoch maidine, agus oíche gan chodladh in aerfort Liospóin roimhe sin. Ach níorbh é an t-aistear fisiciúil amháin a thóg i bhfad. Tús mhí na Nollag atá ann agus tá os cionn deich mí caite ó chonaic mé grá mo chroí, Nilton, don uair dheireanach. Tá mo shaol ar fad pacáilte i mála droma i mbolg an eitleáin agus tá ceamara digiteach chun clár faisnéise a dhéanamh do Nuacht TG4 agam mar bhagáiste láimhe. Tá achar dhá bhliain déag in Éirinn fágtha i mo dhiaidh agus tá saol nua romham sa chathair thíos.

Tá an t-eitleán ag ísliú. Feicim Salvador ina hiomláine, lonnaithe go maorga ar leithinis thriantánach idir an Aigéan Atlantach ar an taobh thoir agus A Baía de Todos os Santos ('Cuan na Naomh Uile') ar an taobh thiar. Feicim séipéal Bonfim lena dhá thúr ar chnoc ag bun leathros Itapagipe, timpeallaithe ag crainn pailme. Síneann trá fhada ghainimh ó chnoc Bonfim chomh fada le calafort na cathrach. Sa chalafort féin tá tancaeir ola ag roinnt na gcéanna le longa bána paisinéirí. Seasann foirgnimh arda coincréite - oifigí bainc agus stórais siúcra agus phúdar cócó a bhformhór - ar stráice caol talún díreach taobh thiar den chalafort. Tá na foirgnimh i gceantar na nduganna ard, ach níl siad leath chomh hard leis an aill a sheasann díreach os a gcionn. Aill chreagach ar ochtó méadar ar airde a scarann an *Cidade Baixa* - an Chathair Thíos - ón *Cidade Alta* - an Chathair Thuas.

Is í an *Cidade Alta* seoid stairiúil Salvador. Ag eitilt os a cionn, tá mé in ann oiread séipéal a fheiceáil nach bhfuil mé in ann iad a chomhaireamh. Dream cráifeach ab ea na Portaingéalaigh a bhunaigh an chathair seo, an chéad chathair de bhunús Eorpach in áit ar bith ar mhór-roinn Mheiriceá, Thuaidh nó Theas. Tá an tseanchathair ina hiomláine, lena cuid séipéal ornáideach, a cuid seantithe coilíneacha agus a cuid camshráideanna lán iontas, curtha ar liosta oidhreachta domhanda UNESCO.

Ach níl sa tseanchathair ach stráice cúng ar bharr na haille. Cúpla soicind níos déanaí táimid ag eitilt os cionn an Salvador eile: na céadta cnoc clúdaithe le tithe beaga déanta as clocha tógála donnrua, corrchnoc le foraois de thúir choincréite, agus na céadta ciliméadar de mhórbhóithre ag lúbarnaíl idir na cnoic, na carranna agus na busanna i bhfostú i síorthranglam tráchta. Áit éigin san fhásach daonna, donnrua thíos fúinn tá Tancredo Neves, an bruachbhaile bocht ina mbeidh cónaí orm go ceann sé mhí.

Dá ísle an t-eitleán is ea is fearr an radharc ar na bruachbhailte bochta. Tá péire de na cinn is mó agus is measa cáil, Mussurunga agus São

Cristóvão, buailte leis an aerfort. Thíos fúinn feicim páistí ag imirt peile ar shráideanna nach bhfuil de dhromchla orthu ach deannach agus dusta, feicim mná téagartha ag siúl le málaí troma ar a gcloigeann, feicim fir óga ag bulaíocht ar ghluaisrothair. Téann an saol ar aghaidh, fiú amháin i mbruachbhaile bocht a dtagann scairdeitleán thairis gach cúig nóiméad, ar airde caoga méadar.

Deich soicind i ndiaidh São Cristóvão, buaileann rothaí an eitleáin an rúidbhealach. Díreach in am. Tá Nilton ag fanacht orm go foighneach sa chríochfort.

'Seo an chéad lá den chuid eile de do shaol!' a deir sé.

Tugaimid póg agus barróg fhada dá chéile.

Tá mé spíonta tar éis an turais, ach tá ábhar iontais ag Nilton dom.

'Tabhair dom do mhála droma, táimid ag dul isteach sa chathair.'

'Le mo chuid bagáiste ar fad?'

'Beimid togha ar an mbus ón aerfort go dtí an chathair. Tógfaimid tacsaí abhaile ansin.'

Tá Salvador ar an mbeagán cathracha ar domhan a bhfuil féiniúlacht chomh láidir sin ag roinnt léi go bhfuil sé sin le haithint ar shúile na ndaoine. Bocht nó saibhir, tá a fhios ag gach duine sa chathair seo go bhfuil cónaí air in áit nach bhfuil a macasamhail ar fáil ar chlár na cruinne. Domhan ann féin atá in Salvador; domhan a bhfuil a réaltacht agus a loighic féin aige.

Ón nóiméad a osclaíonn doirse uathoibríocha an aerfoirt romhat ar do bhealach amach gabhann Salvador seilbh ar do chéadfaí; ar do chorp agus ar do shrón ach go háirithe. A luaithe is a fhágann tú halla aeroiriúnaithe an aerfoirt buaileann an teas aisteach san aghaidh tú agus líonann boladh rúndiamhrach do pholláirí: boladh ola *dendê*.

Tá boladh ola *dendê* chomh huileláithreach in Salvador is atá boladh na móna i mbaile fearainn Gaeltachta. Chuirfeadh an boladh cnónna i gcuimhne do dhuine.

Tháinig síolta na bpailmeacha *dendê* as a ndéantar an ola, anall as an Afraic i gcuideachta na ndaoine gorma a thug an fear geal i dtír anseo mar sclábhaithe. Ó shin i leith tá an ola, a dtugtar 'fuil na hAfraice' go minic air toisc an dath dearg atá air, ar na ceangail is láidre atá ag an bpobal gorm sa Bhrasaíl le mór-roinn a sinsear.

Úsáidtear ola *dendê* chun an bia sráide is coitianta ar fad in Salvador - buillín de thaos pónairí ar a dtugtar *acarajé* - a fhriochadh. Ní de thaisme é go bhfuil seastán *acarajé* díreach os comhair phríomhdhoras an aerfoirt. Tá beirt bean ghorma, iad álainn agus faoi fheisteas traidisiúnta, grástúil bán Bahia ag obair ag an seastán; duine acu ag friochadh na mbuillíní *acarajé*, an bhean eile á ngearradh ina dhá leath agus á líonadh le meascán spíosrach darbh ainm *vatapá*, cloicheáin mhóra úra agus sailéad de thrátaí agus lus an choire, nó coiriandar. *Baianas* - mná de chuid Bahia - a thugtar ar na mná a dhíolann *acarajé*. Ní fheicfidh tú fear ag díol *acarajé* ach go hannamh; ní fheicfidh tú díoltóir *acarajé* nach bhfuil gléasta ar an mbealach traidisiúnta go brách.

Ordaíonn Nilton dhá *acarajé* ó dhuine de na *Baianas*.

'An raibh *acarajé* ag do chara *gringo* cheana?' a fhiafraíonn an *Baiana* de Nilton, ag ceapadh nach bhfuil focal Portaingéilise i mo phluic.

Cruthaíonn 'fuil na hAfraice' deacrachtaí móra i mbolg an fhir ghil nach bhfuil cleachtadh aige air.

'Ná bí buartha,' a fhreagraíonn Nilton. 'Tá cleachtadh maith aige ar bhia gorm.'

Caochann an *Baiana* a súil chun tabhairt le fios dó go dtuigeann sí céard atá i gceist aige.

'Féadfaidh tú neart den anlann piobair a chur ar mo cheannsa,' a deirim, le tabhairt le fios di go dtuigim féin an greann. Déanann an triúr againn gáire.

'Fáilte go Bahia ,' a deir an *Baiana.*

Táimid ag ithe na *acarajés* ar ár mbealach go dtí an bus. Fágann an ola dendê stríocaí de shaill dhearg ar mo mhéara agus ar mo bhéal, mar a bheadh fuil ann.

Tá a loighic féin ag cathair Salvador. Ar na chéad rudaí a fhoghlaimíonn an cuairteoir, tá neamhaird mhuintir na cathrach ar líne dhíreach. Dála na bpíolótaí a eitlíonn thar an gcathair ar dtús chun filleadh ar an aerfort ina dhiaidh sin, téann na tiománaithe bus ar thimpeall dá gcuid féin.

I gcathair ar bith eile ar domhan thógfadh bus an aerfoirt an bealach is sciobtha go lár na cathrach, ach in Salvador téann bus an aerfoirt bealach na trá, cé go bhfuil mótarbhealach sciobtha cúpla míle isteach ón gcósta. Cuireann an bród atá ag na tiománaithe bus as áilleacht na cathrach uair an chloig leis an turas, ach caithfear a admháil gur fiú é.

I mbruachbhaile saibhir Itapoã, tagann na tonnta arda anall an bealach ar fad as an Afraic agus shílfeá go bhfuil lúcháir orthu ag deireadh a n-aistir, iad ag briseadh ar an trá agus ar na carraigeacha ina spleodar bán. Tá Itapoã féin báite i solas órga dheireadh an lae agus chuirfeadh an radharc fonn ort amhrán a scríobh - díreach mar a rinne Caetano Veloso agus Vinícius de Morães, beirt de na ceoltóirí is cáiliúla ón mBrasaíl, san áit seo nuair a bhí an *bossa nova* in ard a réime.

Leanann an bus ar aghaidh ó dheas, cúr bán na dtonnta ar thaobh na láimhe clé agus tithe agus óstáin bheaga ina sraitheanna ar thaobh na láimhe deise. Tá Salvador chomh gar sin don mheánchiorcal nach dtógann luí na gréine ach fiche nóiméad ar a mhéad. Ar an taobh thoir seo den leithinis mhór ar a bhfuil an chathair suite níl radharc ar bith ar an ngrian ag dul faoi. Chaithfeadh duine a bheith ar an taobh eile, le hais an chuain. Ach tá iontas eile fós i ndán dúinn inniu. Níl solas deireanach na gréine imithe go hiomlán fós nuair a éiríonn an ghealach lán as an Atlantach. Tá loinnir órga uirthi, amhail is gur aníos as ola dendê a d'éirigh sí seachas as sáile na farraige. Titeann ciúnas ar na paisinéirí sa bhus. Íslíonn na daoine atá ina seasamh sa phasáiste a gceann chun breathnú ar an radharc scaofar, álainn, neamhshaolta.

Ach tuirlingíonn réaltacht an ghnáthshaoil laethúil ar an mbus arís nuair a bhainimid Rio Vermelho amach. Tá cáil ar an mbruachbhaile seo cois trá ar dhá chúis: tá na *acarajés* ar na cinn is fearr sa chathair agus an tranglam tráchta ar an gceann is measa. Líonann an bus le boladh láidir ola *dendê* agus le tuilleadh paisinéirí, ach nílimid ag bogadh in aon áit.

10

Tar éis leathuair an chloig nach mór tosaíonn an bus ag gluaiseacht arís. Dá ghairé a thagaimid go lár na cathrach is airde a éiríonn na hóstáin agus na túir árasán cónaithe. In Barra tá foirne éagsúla, mná agus fir, ag imirt eitpheile ar an trá, faoi shoilse geala, trá a shíneann chomh fada le cnocán íseal ar a bhfuil dún agus teach solais Barra tógtha. Seo againn Salvador na gcártaí poist.

Tá dún agus teach solais Barra suite ar an rinn is faide ó dheas ar leithinis Salvador. Ar an rinn seo, ar 1 Samhain 1501, chas loingeas na Portaingéile ar dheis, isteach sa chuan a d'ainmnigh siad as an lá a bhí ann - Lá na Naomh Uile. Anseo a thosaigh stair na Brasaíle os cionn cúig chéad bliain ó shin. Is é sin le rá, an chuid sin den stair a scríobhadh síos. Bhí pobail bhundúchasacha ina gcónaí ar mhór-roinn Mheiriceá Theas le breis is deich míle bliain roimh theacht loingeas na Portaingéile, ach is beag spéis a cuireadh sa chuid sin den stair go dtí le gairid.

Cheap na Portaingéalaigh gur oileán mór a bhí sa talamh úr a bhí aimsithe acu, oileán nach raibh ceangailte leis na tailte a d'aimsigh Criostóir Columbus naoi mbliana roimhe sin, na míle mílte ó thuaidh. Bhaist na Portaingéalaigh Terra da Vera Cruz ('Tír na Fíor-Chroise') ar an gcoilíneacht nua, thug siad Salvador da Bahia de Todos os Santos ('Slánaitheoir Chuan na Naomh Uile') ar an bpríomhchathair, agus cuireadh tús le ceann de na réimis ba chráifí riamh ar chlár na cruinne.

Cé gur ith treabh na Caeté an chéad easpag a chuir na Portaingéalaigh chuig an gcoilíneacht nua níor thóg sé i bhfad ar na coilínigh an chéad séipéal Críostaí sa chathair a thógáil. Ní raibh sé i bhfad eile go dtí gur tógadh an dara agus an tríú ceann. Ach tar éis tamaill d'éirigh na coilínigh tuirseach de bheith ag tógáil a gcuid séipéal féin. Go deimhin, d'éirigh siad tuirseach d'aon saothar dian.

Rinneadh iarracht na bundúchasaigh a chur ag obair ar na láithreacha tógála agus ar na plandálacha siúcra a bhí á lonnú thart ar an gcathair, ach bhí sé soiléir ón tús nár chomhlíon na Caeté ná na Aymoré na héilimh a bhí ag na Portaingéalaigh. Toisc nár chosain córas imdhíonach na mbundúchasach iad ar fhrídíní na hEorpa, fuair a bhformhór bás den bholgach agus de ghalair eile. Fuair na Portaingéalaigh an réiteach ar an taobh eile den Atlantach. Idir an mbliain 1534 agus 1850 tugadh ceithre mhilliún duine gorm go dtí an Bhrasaíl ón Afraic, ina sclábhaithe.

Cé gur loingeas Impireacht na Portaingéile a thug formhór na n-ábhar sclábhaithe Afracach chomh fada le cearnóga mhargaidh na Brasaíle, níorbh iad na Portaingéalaigh an t-aon dream a bhí gníomhach i dtrádáil sclábhaithe sa Bhrasaíl. Bhí an *West-Indische Compagnie*, Comhlacht Trádála Ollannach na nIndiacha Thiar, freagrach as sciar eile den obair mhallaithe, agus lean loingeas na Brasaíle féin den obair sin tar éis don tír neamhspleáchas a bhaint amach ón bPortaingéil sa bhliain 1822.

Níl áit ar bith ar mhór-roinn Mheiriceá, Thuaidh nó Theas, a bhfuil rian na sclábhaíochta le feiceáil chomh soiléir sa lá atá inniu ann agus atá i gcathair Salvador. Daoine gorma - Afra-Bhrasaíligh - iad 80 faoin gcéad de dhaonra na cathrach.

Faoi dheireadh tarraingíonn an bus isteach i lár na cathrach. Caitheann soilse sráide ómra solas ceimiciúil ar an stáisiún tréigthe bus, ach tá cearnóg mhór Praça da Sé timpeall an chúinne.

'Seo an áit ar thosaigh an Bhrasaíl', a fhógraíonn leac i lár na cearnóige. Go deimhin, tá an chéad phálás a bhí ag gobharnóirí Portaingéalacha na coilíneachta nua ar an taobh ó dheas den chearnóg, foirneamh maorga bán atá cosúil le cáca bainise. Ach ní hé an pálás seo an foirgneamh is mó a tharraingíonn aird ar an gcearnóg ársa seo. Ar bharr na haille a scarann an *Cidade Alta* ón *Cidade Baixa*, tá an *Elevador Lacerda*, ardaitheoir ollmhór a cheanglaíonn an chathair thuas leis an gcathair thíos. Foirgneamh mór buí atá san Elevador a atógadh i stíl thionsclaíoch na 1930í. Tá léaráidí d'oibrithe láidre sa tionscal rubair ar thaobh an fhoirgnimh a chuirfeadh ealaín an chumannachais i gcuimhne duit. Déanann ceithre ardaitheoir, a bhfuil spás do bheirt is tríocha i ngach ceann díobh, an turas suas agus síos gan stad gan staonadh, fiche a ceathair uair an chloig, seacht lá na seachtaine, ag iompar 28,000 duine in aghaidh an lae. Tá an aill chomh hard sin go dtógann an turas leathnóiméad.

Táimid inár seasamh ag an sconsa ar bharr na haille. Is léir cén fáth nach siúlfadh duine ar bith in Salvador síos an bóithrín cúng a lúbann síos aghaidh na haille. Ní mar gheall ar an airde amháin. Tá cáil ar an mbóithrín seo - an Brega - gurbh é an áit is contúirtí i lár na cathrach. Ó thóg na Portaingéalaigh a gcéad tithe breátha ar bharr na haille tá cáil ar an Brega mar bhaile na striapach, na gcoirpeach, agus gach uile shórt eile nach bhfulaingíonn solas an lae.

Ach níl mé féin agus Nilton anseo le breathnú ar bhóithrín na haimléise. Táimid anseo chun uachtar reoite a ithe ag A Cubana, siopa uachtair reoite atá lonnaithe istigh i bhfoirgneamh an Elevador. Tá a fhios ag gach duine in Salvador gurb é seo an t-uachtar reoite is fearr sa chathair - ach amháin an dream a deir go bhfuil an *Sorveteria* in Ribeira níos fearr.

Más ifreann atá sa Brega thíos fúinn, seo Neamh. Tá oiread blasanna uachtair reoite luaite ar an gclár atá crochta os cionn na bhfreastalaithe go dtagann mearbhall orm ar feadh soicind. Tá leathchéad blas ann nach mór: na gnáthchinn, ar nós seacláide agus banana, ach torthaí tropaiceacha ar nós *jabuticaba, cajú, cajá* agus *jaca* freisin, agus réimse blasanna rúndiamhracha ar nós tapioca - uachtar reoite atá déanta as meacan bán as dufair na hAmasóine.

'Céard atá uait?'

Bíonn deifir ar na freastalaithe san áit seo, a mbíonn scuaine mhór ann ar feadh an lae.

Roghnaím scúp *cupuaçu* agus scúp *jaca*. Iarrann Nilton seacláid le cnónna coille agus *maracujá*, mar a iarrann sé i gcónaí. Tagann línte an amhráin a scríobh Caetano Veloso don funcghrúpa Os Mutantes sna 1970í chur cuimhne:

Baby, Baby
You've got to try the new ice cream flavour
Do me a favour
Look at me closer
Join us and go far
We live in the biggest city
Of South America
Of South America
Of South America

Ní hé Salvador an chathair is mó i Meiriceá Theas (tá sé chathair níos mó ná Salvador ar an mór-roinn seo) ach ag breathnú amach ar shoilse beaga gleoite na mbád atá ar snámh i ndorchadas Chuan na Naomh Uile, Nilton le mo thaobh, blas an uachtair reoite ar mo bhéal, tá mé ar bís aithne cheart a chur ar an gcathair rúndiamhrach seo.

Agus an t-uachtar reoite ite agam agus Cros an Deiscirt ag lonrú sa spéir os ár gcionn, tá sé in am tacsaí a thógáil go Tancredo Neves.

FAVELA

Ní chodlaím néal an chéad oíche sa favela, in ainneoin an turais fhada go Salvador. Tá an t-árasán atá aimsithe ag Nilton dúinn deas go leor, ach tá sé ar léibhéal na talún, agus tá orainn na fuinneoga a choinneáil oscailte mar gheall ar an teas. Tá barraí iarainn os comhair na bhfuinneog, ach feicfidh daoine gach uile shórt agus iad ag siúl ar an gcosán taobh thiar den árasán againne go dtí an clós oibre ar chúl an fhoirgnimh. Beidh a fhios ag madraí an bhaile roimh mhaidin go bhfuil fear geal tar éis bogadh isteach sa favela, go bhfuil ríomhaire glúine aige agus ceamara teilifíse. Níos measa fós, dá ndéanfainn rud éigin as bealach anseo, dá gcuirfinn olc ar dhaoine leis an gclár faisnéise, bheadh sé fíoréasca teacht orm. Ní bheadh ar bhithiúnach ach seasamh ag fuinneog oscailte ár seomra codlata, a ghunna a dhíriú orm trí na barraí iarainn agus urchar a chur trí mo chloigeann. An smaoineamh scaollmhar sin agus dhá rud eile atá ag teacht idir mé agus codladh na hoíche: na míoltóga, a bhfuil na céadta acu sa seomra codlata, agus an teas aisteach.

Pléascann Nilton amach ag gáire nuair a chuirim ceist air, an mhaidin dár gcionn, cé chomh mór is atá an seans go seasfaidh fear le gunna ag an bhfuinneog oíche dhorcha éigin.

'Tá samhlaíocht bhreá agat,' a deir sé.

'Ach i ndáiríre.'

'Bhuel, ní déarfaidh mé nach bhféadfadh sé tarlú. Cé chomh mór is a bhí an seans go mbuailfeadh eitleán na Twin Towers? Seans de 0.000001 faoin gcéad, déarfainn. Ach tharla sé mar sin féin.'

Níorbh é sin an cineál freagra a bhí uaim. Breathnaím ar an bhfuinneog oscailte arís.

'Nilton, cé chomh mór is atá an seans, meas tú, go dtiocfadh nathair nimhe isteach tríd an bhfuinneog anseo?'

'Arís eile, ní déarfaidh mé nach bhféadfadh sé tarlú. Tháinig roinnt fear ar *jibóia* ar chúl theach mo mhuintire cúpla bliain ó shin, ach ní shin nathair nimhe. Nathair í a thachtann tú.'

Iontach.

'Agus céard a tharla?'

'Mharaigh siad é, agus d'itheamar é. Blais troisc a bhí air.'

Tá ionadh orm féin faoin oiread imní atá orm i m'ionad cónaithe nua. Bliain ó shin, nuair a chuir mé aithne ar Nilton ar dtús agus nuair a chaith mé seachtain ar an urlár i dteach a mhuintire, mhothaigh mé go breá sábháilte san áit. An difear atá ann, ar ndóigh, ná go raibh mé ar saoire an uair sin.

Cuimhním ar an oscailt súl a fuair mé nuair a bhí mé in Tancredo

Neves an bhliain roimhe: gur áit chónaithe í an favela seo ar nós áit chónaithe ar bith eile ar domhan, le gnáthdhaoine a bhfuil gnáthshaol acu, bíodh is go bhfuil an áit beo bocht. Ach an uair seo ní fheicim ach an bochtanas, an salachar agus an chontúirt a cheapaim a d'fhéadfadh a bheith gach uile áit. Feicim bruachbhaile bocht ar nós na favelas sna scannáin *Cidade de Deus* agus *Tropa de Elite.* Seo an áit a bheidh mo bhuanchónaí. Nó go ceann sé mhí ar a laghad, agus an chéad mhaidin seo, is ionann sé mhí agus an tsíoraíocht.

Tháinig an focal 'Favela' chun cinn le linn Chogadh Canudos (1893-1897), ceann de na cogaí cathartha ba ghéire a troideadh riamh i Meiriceá Theas. Cathair reibiliúnach a bhí in Canudos, bunaithe ag bochtáin a d'éirigh amach i gcoinne thiarnaí talún an *Sertão*, fásach oirthuaisceart the, thirim na Brasaíle. Chuir an rialtas fórsaí armtha go Canudos. Iar-sclábhaithe as Rio de Janeiro agus as Salvador ab ea cuid mhór de na saighdiúirí. In Canudos, thug siad suntas don chaoi a raibh an chathair reibiliúnach tógtha go straitéiseach ar chnoic. Morro da Favela, 'Cnoc an (phlanda) Favela') an t-ainm a bhí ar an gcnoc ba mhó.

Tar éis don arm lámh in uachtar a fháil ar na reibiliúnaigh sa bhliain 1897, d'fhill na saighdiúirí ar Salvador agus Rio de Janeiro. In Rio de Janeiro, fágadh sciar áirithe de na saighdiúirí gan luach saothair. Gan airgead, gan phost, ní raibh de rogha ag na hiarshaighdiúirí (arbh iar-sclábhaithe cuid mhór acu) ach tithe sealadacha a thógáil ar chnoc ar imeall Rio de Janeiro. Bhaist na hiarshaighdiúirí 'Morro da Favela' ar a gceantar cónaithe nua in ómós do chathair bhochtán an sertão, an chathair chéanna a bhí scriosta acu thar ceann an rialtais nár íoc luach saothair riamh leo.

Chomh maith leis na hiarshaighdiúirí, bhí milliún iarsclábhaí ag lorg áit chónaithe ar fud na Brasaíle. Cuireadh deireadh leis an sclábhaíocht sa Bhrasaíl sa bhliain 1888, ach níor tugadh cúiteamh ná cearta do na sclábhaithe. Caitheadh a bhformhór amach ó na plandálacha ar a raibh siad ag obair sular cuireadh deireadh leis an sclábhaíocht. Ní raibh áit ar bith le dul acu ach na cnoic ar imeall na gcathracha. Scaip an téarma 'Favela' ar fud na Brasaíle ó na 1920í ar aghaidh, mar ainm ar cheantar cónaithe ar bith nach bhfuil infreastruchtúr ceart ann.

Níor tháinig deireadh leis an sruth daonna ón tuath go dtí na cathracha riamh. In oirthuaisceart na Brasaíle ach go háirithe cuireann an triomach leanúnach brú ar mhuintir na tuaithe a gcuid feirmeacha bochta a fhágáil agus aghaidh a thabhairt ar an gcathair, ag súil le saol níos fearr. Críochnaíonn a n-aistear sna bruachbhailte plúchta.

Sa lá atá inniu ann tá níos mó daoine ná riamh ina gcónaí sna favelas. Measann na Náisiúin Aontaithe go bhfuil cónaí ar 837 milliún duine ar fud an domhain i slumaí. De réir staitisticí ón mBanc Domhanda (*Slum Upgrading and Participation - Lessons from Latin America*, Ivo Imparato agus Jeff Ruster, 2003) tá 327 gceantar cónaithe i gcathair Salvador ar favelas iad agus tá cónaí ar 29 faoin gcéad den daonra trí mhilliún duine in Salvador sna ceantair seo.

Murab ionann agus Rio de Janeiro, áit a mbíonn bród ar mhuintir na mbruachbhailte bochta as an bhfocal 'Favela' agus áit a n-úsáideann an chomhairle cathrach an téarma 'Favela' go neamhbhalbh sna staitisticí, tá drochbhlas ar an bhfocal in Salvador. Déantar idirdhealú i gcaint Salvador idir ceantair faoi mhíbhuntáiste inar cheannaigh na daoine an talamh ar ar thóg siad a dtithe bochta go dleathach, agus ceantair faoi mhíbhuntáiste inar ghabh daoine an talamh go mídhleathach.

Tugann muintir Salvador 'favela' ar na ceantair inar tógadh na tithe go mídhleathach. Ní léir don tsúil go hiondúil áfach ar 'Favela' atá i gceantar, nó ceantar dleathach faoi mhíbhuntáiste. Bíonn áit amháin chomh bocht leis an chéad áit eile agus measaim féin go bhféadfadh meastúchán an Bhainc Dhomhanda go bhfuil cónaí ar 29 faoin gcéad de dhaonra Salvador i favelas a bheith ró-íseal, mar gheall ar an drogall atá ar mhuintir (agus ar chomhairle cathrach) Salvador an F-fhocal a úsáid. Is é mo mheastachán neamhoifigiúil féin go bhfuil cónaí ar thuairim is leath de dhaonra na cathrach i gceantair faoi mhíbhuntáiste.

In Tancredo Neves, an ceantar ina bhfuil cónaí orm féin anois, cheannaigh formhór na n-áitritheoirí an talamh ar a bhfuil siad ina gcónaí go dleathach. Sin ráite, tá ceantair áirithe in Tancredo Neves nár cheannaigh na háitritheoirí an talamh ar ar thóg siad a gcuid tithe. Fós féin, ní maith le muintir an bhruachbhaile an focal 'favela' a úsáid ar chor ar bith. Úsáideann siad an focal 'Invasão' le cur síos ar áitribh mhídhleathacha. Le cur síos ar Tancredo Neves ina iomláine, is fearr le muintir na háite 'morro' ('cnoc'.) Tá bochtanas ceangailte go láidir leis an bhfocal 'morro' i bPortaingéilis na Brasaíle. 'Morro da Favela', tar éis an tsaoil, a bhí ar an gcéad favela a tógadh riamh, in Canudos.

Tá dinnseanchas dá chuid féin ag baint le Tancredo Neves, agus coimhlint a chuirfeadh scéal faoi Dingle / An Daingean i gcuimhne do dhuine. Bhí daoine ina gcónaí san áit a bhfuil Tancredo Neves anois ó na 1820í anall: *Quilombo* a bhí ann, baile beag de sclábhaithe a bhí tar éis teitheadh, nó tar éis a saoirse a cheannach nó a shaothrú ar bhealach éigin eile. Bhí na mílte *quilombo* ar fud na Brasaíle, agus maireann cuid acu go dtí an lá atá inniu ann, mar bhailte.

Thart ar an mbliain 1820, d'éirigh le sclábhaí Afracach darbh ainm Gbeiru a shaoirse a bhaint amach óna úinéirí. Ní hamháin sin, ach is cosúil go raibh an oiread sin measa ag a chuid úinéirí ar Gbeiru gur bhronn siad píosa talún air le go bhféadfadh sé feirm a bhunú. Talamh chreagach, thirim agus bhocht a bhí ann ach de réir a chéile d'fhás *quilombo* timpeall ar fheirm Gbeiru. Bhí an áit suite ar thalamh ard ar achar dhá uair an chloig ón gcathair, de shiúl na gcos.

Bhí Gbeiru féin ar shlí na fírinne le breis agus céad bliain nuair a spréigh an chathair amach chomh fada leis an áit a mbíodh a chuid eallaigh ag innilt, ach mhair a chuimhne san ainm a bhí ag muintir na cathrach ar an gceantar: Beirú. Leagan níos éasca ar theanga mhuintir na cathrach, ach comhartha omóis don Afracach ceannródaíoch mar sin féin.

Thosaigh an chathair ag brú isteach ar an gceantar sin sna 1980í. 'Arvoredo' ('Cnoc na gCrann') an t-ainm atá ar an gcéad scéim tithíochta a tógadh sa cheantar: foirgnimh árasán cheithre stór a chuirfeadh na hárasáin a sheas i Rathún i gcathair na Gaillimhe, tráth, i gcuimhne do dhuine. Ba é Arvoredo an t-aon áit sa cheantar a d'fhorbair an chomhairle cathrach - agus dá bhrí sin is í an t-aon chuid de Tancredo Neves í a raibh pleanáil éigin i gceist lena tógáil.

Ag tús na 1990í dhíol na feirmeoirí a bhí fágtha sa cheantar a gcuid talún ina ngiotaí beaga, le daoine príobháideacha. Bhí cónaí ar mhuintir Reis i gceann d'árasáin Arvoredo ag an am, ach cheannaigh siad stráice cúng talún, a raibh teachín beag bídeach aon seomra amháin uirthi cheana féin, ag bun chnoc Arvoredo lena dteach féin a thógáil ann. 'Beirú' a bhí ar an gceantar i gcónaí an uair sin.

Ach sa bhliain 1997 shocraigh comhairle cathrach Salvador 'Tancredo Neves' a bhaisteadh ar an áit. Ba é Tancredo Neves an t-ainm a bhí ar an Uachtarán a toghadh sa chéad toghchán daonlathach sa Bhrasaíl nuair a tháinig deireadh leis an deachtóireacht i 1985, ach fuair an fear bocht bás lá sula ndeachaigh sé i mbun oifige. Mar chomhartha omóis dó baisteadh 'Tancredo Neves' ar shráideanna agus ar cheantair chónaithe ar fud na Brasaíle ó shin.

Ní de thimpiste a roghnaíodh an ceantar ina raibh cónaí ar mhuintir Reis chun ómós a thabhairt don Uachtarán mí-ámharach. Bhí droch-cháil ar Beirú mar áit. Anuas air sin, cheap an chomhairle cathrach go raibh 'Beirú' - logainm a tháinig ó ainm sclábhaí, tar éis an tsaoil - róbhocht, agus, b'fhéidir ach go háirithe, róghorm. Mar bharr ar an mí-ádh bhí 'Beirú' díreach cosúil le háit eile a raibh droch-chlú uirthi mar gheall ar fhoréigean ag an am: cathair Beirut sa Liobáin.

Ní raibh rud ar bith ag muintir Beirú i gcoinne Tancredo Neves - an tUachtarán mí-ámharach - ach shíl roinnt mhaith daoine áitiúla gur masla dá n-oidhreacht ghorm a bhí san athrú ainm. Mar sin féin, sa phobalbhreith a eagraíodh faoin gceist, bhí móramh beag i bhfábhar an athrú ainm.

Ach níor éirigh na háitritheoirí a bhí i gcoinne an athrú ainm as an troid. Dála chuid de mhuintir an Daingin in Éirinn, thosaigh cuid de mhuintir Beirú feachtas chun an sean-ainm a choinneáil. D'éirigh leo go pointe: 'Beirú / T. Neves' atá scríofa ar na busanna plódaithe go dtí an bruachbhaile anois.

Tugaim féin 'Tancredo Neves' ar an gceantar, sa saol laethúil agus sa leabhar seo. Ní mar gheall ar go n-aontaím le dearcadh chomhairle cathrach Salvador, ach de bhrí go dtugann Nilton agus a mhuintir 'Tancredo Neves' ar an áit ina gcónaíonn siad. Bhí mí caite sular thuig mé féin gurbh í an áit chéanna a bhí i gceist ar na busanna le 'Beirú / T. Neves': cheap mé gur bruachbhaile eile a bhí in Beirú a ndeachaigh an bus tríd ar a bhealach go Tancredo Neves!

Ach don té nach bhfuil ina chónaí ann, is cuma cén t-ainm atá ar an áit. Ní aimseoidh tú 'Beirú' ná 'Tancredo Neves' ar léarscáil na cathrach. Cé go bhfuil isteach is amach le 180,000 duine ina gcónaí sa bhruachbhaile - níos mó ná i gcathair Chorcaí ar fad - ní mheasann lucht déanta na léarscáileanna go bhfuil rud ar bith, nó pobal ar bith, san áit seo is fiú a chur ar mhapa.

Comhtharlú a bhí ann gur aimsigh Nilton árasán dúinne sa cheantar a mbreathnaítear air mar an ceantar is fearr in Tancredo Neves - scéim tithíochta Arvoredo. Árasán le troscán a theastaigh uainn, agus tharla go raibh ceann ar fáil in Arvoredo nuair a bhí Nilton i mbun cuardaigh.

Ní haon chomhtharlú é, áfach, gurb é Arvoredo an ceantar is mó a bhfuil tóir air in Tancredo Neves. Is é an t-aon cheantar é sa bhruachbhaile ar fad a phleanáil agus a thóg an chomhairle cathrach agus dá bharr sin tá caighdeán na tógála ábhairín níos fearr ná sa chuid eile de Tancredo Neves, áit ar thóg daoine a dtithe féin. Chomh maith leis sin, tá Arvoredo gar don stad bus is sábháilte in Tancredo Neves. É seo ar fad ráite, ná déanaimis dearmad go bhfuil Tancredo Neves ar cheann de na bruachbhailte is lú a bhfuil tóir orthu sa chathair ar fad. Táimid inár gcónaí sa chuid is fearr den cheantar is measa, mar sin.
Tá thart ar chéad foirgneamh árasán in Arvoredo. Tá ceithre stór, sin sé árasán déag, iontu uile. Ní bhreathnóidís as áit i gcathair thionsclaíoch in oirthear na hEorpa, ach amháin go maolaíonn an ghrian thropaiceach aon chuma ghruama ar an áit. Pobal taobh thiar de gheataí atá sa chuid den scéim tithíochta ar a dtugtar Arvoredo A agus B. Caithfidh tú dul trí gheata mór lena bhaint amach agus ní ligtear tríd thú mura bhfuil tú i do chónaí ann nó mura bhfuil gnó agat ann. Cé go bhfuil sé ina aice láimhe, níor chuir mé cos ann riamh.

In Arvoredo C atáimidne inár gcónaí; ceantar atá díreach cosúil le Arvoredo A agus B ach nach bhfuil geata curtha timpeall air. Tá árasán s'againne, bosca coincréite le cistin bheag, seomra suí agus dhá sheomra codlata ar imeall Arvoredo C. Tá an áit breá fairsing dúinne - ach is muid an teaghlach is lú san fhoirgneamh ar fad. Tá lánúin ar an tríú hurlár le naonúr páistí agus cónaí orthu in árasán den mhéid chéanna.

Ar an taobh eile den bhóthar os comhair ár n-árasáin féin tá gleann domhain a dtugtar 'O Abismo' ('An Duibheagán') air. Tá an cnoc ar an taobh eile lán tithe beaga de chlocha donnrua tógtha ar mhullach a chéile, mar atá i ngach uile favela. Tá *invasão* beag de thithe a tógadh go mídhleathach in íochtar an ghleanna. Tá an *invasão* faoi bhagairt sciorradh talún de shíor nuair a thiteann an bháisteach.

Tar éis lá nó dhó ag socrú isteach san árasán tá sé in am aithne a chur ar Tancredo Neves. Ceann de na rudaí is mó a chuireann ionadh orm an chéad chúpla lá seo ná gur féidir do mhianta siopadóireachta uile a shásamh anseo, in ainneoin go bhfuil an bruachbhaile seo ar na ceantair is boichte sa chathair.

Cúpla nóiméad siúil ó Arvoredo tosaíonn 'sráid siopadóireachta' darbh ainm Rua Direita de Tancredo Neves. Ach ní thugann duine ar bith an t-ainm sin air. 'Macaco' ('Moncaí') atá ar an áit i gcaint na ndaoine. Sráid fhada atá ann le siopaí grósaera, bácús, siopaí beaga éadaí agus an t-aon bhialann cheart in Tancredo Neves. Toisc go bhfuil Macaco ar bharr cnoic agus toisc go bhfuil gleannta doimhne ar an dá thaobh, tá na siopaí ar fad beag agus cúng.

Ag deireadh Macaco casann an bóthar ar dheis agus athraíonn an t-ainm. 'Anjo Mau' ('Droch-Aingeal') atá ar an gceantar seo. Bíonn an trácht go dona in Macaco, ach bíonn sé ina chíor thuathail cheart in Anjo Mau: busanna, leoraithe, carranna agus gluaisrothair ag sciorradh thar a chéile agus brúitear ar na coscáin gan choinne. Bheifeá sábháilte ag siúl ar an gcosán dá mbeadh spás ann duit, ach ní bhíonn. Is leis na trádálaithe sráide agus a gcuid seastán na cosáin in Anjo Mau. Plúchann meascán aisteach de bholadh torthaí, boladh earraí leathair agus deatach na tráchta an t-aer ann.

Seo ceartlár Tancredo Neves. Idir na bróga *Nike* bréige agus na colúir bhána do na híobairtí a dhéantar i searmanais de chuid an *Candomblé*, creideamh Afra-Bhrasaíleach Salvador, gan trácht ar chuisneoirí agus taephotaí, buidéil gháis agus buidéil *cachaça*, tá fáil ar gach uile shórt anseo. An t-aon rud nach n-aimseoidh tú in Tancredo Neves ná banc nó fiú oifig an phoist. Beidh tamall fada ann sula n-osclóidh banc sa bhruachbhaile leis an ráta coiriúlachta is airde sa chathair ar fad.

Ceann de na chéad rudaí a rinne mé nuair a tháinig mé go Tancredo Neves ná ballraíocht a bhaint amach in ionad aclaíochta. Ní hamháin gur shíl mé go gcuideodh sé liom aithne a chur ar dhaoine: sa Bhrasaíl téann gach duine chuig ionad aclaíochta. Seo tír chultúr an choirp, áit a bhfuil matáin mhóra ar fhear chomh tábhachtach le tóinín teann ar bhean. Nuair nach bhfuil an t-airgead agat chun ballraíocht a bhaint amach in ionad aclaíochta déanann tú do chuid meáchan féin. Rinne Tiago, deartháir le Nilton, a mheáchain féin as barra iarainn, coincréit agus dhá bhuicéad.

Tá an t-ionad aclaíochta lonnaithe ar an tríú hurlár i bhfoirgneamh ar chúinne Macaco agus Anjo Mau. Ag breathnú ar an bhfoirgneamh shílfeá go bhféadfadh píosaí titim anuas de am ar bith; shílfeá nach raibh treoirphlean ar bith ag an dream a thóg é ach gur chum siad an foirgneamh de réir mar a bhí airgead ar fáil. Ar nós na bhfoirgneamh ar fad in Tancredo Neves níl gloine ar bith sna fuinneoga.

Tá siopa troscáin ar bhunurlár an fhoirgnimh agus tá staighre cúng coincréite lena thaobh. Tá an staighre seo contúirteach: níl aon dá chéim mar a chéile. Tá an chuma ar an gcéad agus ar an dara hurlár go bhfuil siad folamh, ach tá daoine ina gcónaí i gcúinne éigin de na hurláir dhorcha seo. Deifríonn baill an ionad aclaíochta ar an gcuid seo den staighre.

Mar sin féin bíonn ionad aclaíochta Cláudio lán go béal óna sé a chlog ar maidin go dtí a deich a chlog san oíche. Ag am ar bith, d'fheicfeá scór fear ag ardú meáchan i seomra amháin agus scór ban ag déanamh aeróbaice sa seomra eile (seomra nach mbíonn cead isteach ag na fir ann). Bíonn an t-ionad aclaíochta chomh plódaithe sin go mbíonn ort a bheith cúramach: mura mbíonn tú aireach bhuailfeadh barra iarainn nó meáchan duine eile san éadan thú. Tá an t-ionad aclaíochta ar cheann de na háiteanna is glóraí in Tancredo Neves freisin. An t-aon ghleo a chloisfeadh duine os cionn ghártha na bhfear agus torann na meáchan iarainn ag titim ar an urlár coincréite, ná an ceol *pagode* a phléascann as córas fuaime Cláudio gan stad gan staonadh.

Ach is é an radharc an rud is fearr faoin ionad aclaíochta. Tá an t-ionad lonnaithe ar an urlár is airde san fhoirgneamh is airde ar an gcnoc is airde in Tancredo Neves. Toisc go bhfuil sé suite ar chúinne, tá radharc agat ar an gcuid is mó den bhruachbhaile. Má chuireann tú do chloigeann amach as ceann de na fuinneoga agus má bhreathnaíonn tú ar chlé, tá tú in ann Loteamento Alto da Bela Vista a fheiceáil ag bun chnoc Macaco; an áit a bhfuil muintir Nilton ina gcónaí le cúig bliana déag anuas.

Ní hé Loteamento Alto da Bela Vista ('Garraí Ard an Radhairc Bhreá') an logainm is fearr a d'fhéadfaí a thabhairt ar an gceantar seo. Ar an gcéad dul síos, níl garraí ar bith fágtha. Níl ann ach tithe. Ar an dara dul síos, níl rud ar bith ard faoin áit ach an oiread; tá sé ag bun chnoc Macaco. An t-aon áit atá níos ísle fós ná an Loteamento ná Buracão, 'Poll Mór'. Sin logainm oiriúnach! Ar deireadh, níl rud ar bith breá faoin radharc ón Loteamento. Síneann fásach de bhrící donnrua chomh fada le radharc na súl, ag clúdach na gcnoc, ag brú isteach gach uile lá ar an bhfíorbheagán páircíní glasa atá fágtha.

Tá an Loteamento ceilte go maith; ní fheiceann tú é go dtí go bhfuil tú ag deireadh an bhóthair leathain a théann trí Arvoredo, an ceantar s'againn féin. Críochnaíonn an bóthar ceart go tobann ansin agus téann drochbhóithrín síos fána an chnoic. Tá tú ar phríomhshráid an Loteamento anois, áit a bhfuil siopa gruaige Sérgio, bacús Dona Maria, trí shiopa bheaga grósaera, caife idirlín nach bhfuil ach trí ríomhaire istigh ann, seacht séipéal, bunscoil, agus 'oifig' seirbhís slándála phríobháideach atá sa cheantar. Seo an tsráid is fearr sa Loteamento.

Tá cúig shráid eile ann: dhá shráid chothrománacha agus trí shráid ingearacha eatarthu atá comhthreomhar leis an bpríomhshráid. Dá fhad ón bpríomhshráid a théann tú, is ea is doimhne na poill i ndromhchla cré na mbóithre, agus is lú na tithe agus is mó an seans go gcaithfear corp ar leac an dorais. An 'Matadouro' ('Bóthar na mBúistéirí') a thugtar ar an tsráid is faide siar ó phríomhshráid an Loteamento. Tá an tsráidín gainimh seo ar cheann de na háiteanna a dtugann mangairí drugaí Tancredo Neves a naimhde lena marú, nó a gcoirp a fhágáil ann. Go teoiriciúil, thiocfadh leat siúl tríd an Matadouro go siopaí Macaco agus Anjo Mau. Tá cónaí ar Nilton sa

Loteamento le cúig bliana déag, ach níor thóg sé féin ná aon duine eile sa chlann an t-aicearra sin riamh. Fágann contúirt an Matadouro nach bhfuil ach bealach sábháilte amháin isteach sa Loteamento agus amach as. Tá ailltreacha creagacha de chré donnrua ar gach taobh eile.

Tá teach mhuintir Reis ar an gcéad sráid atá comhthreomhar leis an bpríomhshráid. Tá trí urlár sa teach agus tá sé ar cheann de na tithe is mó. Ach ní mar sin a bhí i gcónaí.

TEACH NANÁ

'Nuair a cheannaíomar an stráicín talún seo ní raibh ann ach teachín beag bídeach,' a deir Naná, máthair Nilton, agus í ag coinneáil súil ar an mbia atá á réiteach aici ar an sorn. *Caruru* atá á dhéanamh aici, bia traidisiúnta na hAoine, meascán de chloicheáin, cnónna talún agus cnónna caisiú meilte, ocra agus neart ola *dendê*.

'Is ar éigean a d'fhéadfá teach a thabhairt ar an mbothán a bhí anseo roimhe, fiú amháin. Bosca beag a bhí ann, seomra trí mhéadar faoi cheithre mhéadar. Bhí orainn uile codladh ar an urlár: mo thriúr mac, m'fhear céile agus mé féin. Bhí sorn beag gáis i gcúinne amháin. Nímis muid féin sa ghairdín.'

Bean théagartha leathchéad bliain d'aois í Naná. Tá dath a cnis chomh dorcha céanna le dath Nilton ach is treise dúchas na hAfraice ina ceannaghaidh. Is léir ar a haghaidh freisin go bhfuil a dóthain de chruatan agus d'anachain an tsaoil feicthe aici. Ach ag an am céanna d'aithneofá ar spleodar a súl go bhfuil bealach aimsithe ag Naná chun dul i ngleic le streachailt laethúil an tsaoil i mbruachbhaile bocht.

Ní raibh cónaí ar mhuintir Reis sa favela i gcónaí. I gceantar meánaicmeach sa *Cidade Baixa*, Uruguai, a thug Naná a triúr mac - Bruno, Nilton agus Tiago - ar an saol. Ní thabharfá ceantar meánaicmeach ar Uruguai sa lá atá inniu ann, ach ag an am sin, sna 1980í, bhí an saol réasúnta maith ann.

D'fhreastail Nilton agus a dheartháir Bruno ar bhunscoil phríobháideach (ní raibh Tiago, an mac is óige, in aois scoile fós.) Bhíodh an t-airgead ag Naná agus a fear céile, Manuelito, an chlann a thabhairt chuig *pizzeria* ar bhruach na mara in Ribeira nuair a bhí rud éigin le ceiliúradh. Bhí Manuelito ag obair i monarcha de chuid Bosch. Bhí post ag Naná féin mar chuntasóir cúnta i gceann de na comhlachtaí is mó cáil in Salvador, monarcha todóg Souza Cruz. Ach sa bhliain 1989 chaill an bheirt acu a bpostanna gan choinne. Ní raibh de rogha ag an gclann ach aghaidh a thabhairt ar Beirú, mar a tugadh ar Tancredo Neves go hoifigiúil fós sna laethanta sin.

Feirm a bhí sa Loteamento thiar i 1989. Bhí cónaí ar mhuintir Reis i gceann de na hárasáin in Arvoredo. Bhunaigh Naná caife beag in Uruguai, áit a raibh aithne aici ar mhuintir na háite agus cáil ar a cuid cócaireachta. Gach uile lá, ag gealadh an lae, thugadh sí faoin turas bus uair an chloig ó Tancredo Neves go Uruguai. Thugadh sí an mac ab óige, Tiago, léi. Ní raibh an t-airgead aici íoc as duine chun aire a thabhairt dó. Go minic, thagadh Nilton agus Bruno in éineacht le Naná agus Tiago chun cuidiú leis an obair sa chaife. Chaillidís lá scoile. Tar éis tamaill mheas Naná nárbh fhiú an tairbhe an trioblóid.

B'fhearr léi cónaí i gceantar bocht ach a clann mhac a bheith in ann freastal ar scoil gach uile lá ná airgead an chaife in Uruguai. Chuir tuismitheoirí Nilton an t-airgead ar fad a bhí acu le chéile agus cheannaigh siad stráice talún sa Loteamento agus an boiscín beag de theach a bhí air. Ar an gcaoi seo bhí a dteach féin acu, gan aon chíos feasta.

'Cheap go leor daoine go rabhamar as ár meabhair ag an am ach bhí a fhios agam go ndearnamar an cinneadh ceart,' a deir Naná.

'Tragóid a bheadh ann do go leor daoine, is dócha. Saol maith i gceantar meánaicmeach a fhágáil i do dhiaidh agus bogadh go dtí an áit seo ag deireadh an domhain.' Déanann Naná iarracht ar mheangadh gáire. 'Ach ba thábhachtaí domsa go mbeadh oideachas maith ar mo chlann.'

Níor thréimhse shona a bhí ann. Is iomaí grianghraf atá ag Naná de Bruno agus Nilton agus iad óg, ag spraoi sa teach in Uruguai, ar an trá, nó gléasta suas i gcultacha bréige a fuair siad ar cíos do chóisir scoile. Tá grianghraif ann fiú amháin de shaoire a chaith an chlann óg in Aracajú, i bhfad ó Salvador, i stát Sergipe, samhradh amháin. Ach is fíorbheagán grianghraf atá ann de Tiago. Tá bearna níos mó ná deich mbliana san albam ina gcoinníonn Naná grianghraif an teaghlaigh: níl grianghraf ar bith ann de na páistí ón am a bhog an chlann go Tancredo Neves go dtí go bhfuil Nilton thart ar ocht mbliana déag d'aois.

'Ní raibh mórán fonn orainn grianghraif a thógáil sna laethanta sin,' a deir Naná. 'Ní raibh ábhar ceiliúrtha ar bith againn. Agus ní raibh ceamara againn, pé scéal é.'

Ach le himeacht na mblianta tháinig feabhas éigin ar chúrsaí airgid. D'éirigh le Manuelito liúntas míchumais a fháil de bharr ghortú a bhain dá dhroim. Thart ar an am céanna chuir rialtas na Brasaíle an *Plano Real* i bhfeidhm, plean a thug airgeadra nua, an *Real*, isteach, agus a chuir deireadh leis an mboilsciú ollmhór airgid. Thosaigh Naná ag cur seirbhís chócaireachta ar fáil óna teach féin: ag cócaireacht do theaghlaigh eile agus ag déanamh cácaí agus sólaistí de réir mar atá an t-éileamh ann. Cuireann Manuelito seirbhísí tiomána ar fáil.

ALEX HIJMANS

'De réir a chéile chuireamar leis an teach, píosa ar phíosa. Mé féin a leag gach rud amach: an chistin agus an leithreas ar dtús, na seomraí codlata thuas staighre ina dhiaidh sin,' a deir Naná.

Tá earraí tógála saor go leor sa Bhrasaíl. Tá sé níos saoire fós tógálaithe a fhostú. Sin ráite, ní fhostaíonn duine ar bith in Tancredo Neves tógálaí nuair atá muintir an tí nó a ngaolta in ann an obair a dhéanamh iad féin. Thóg muintir Reis féin an chuid is mó dá dteach trí urlár. Tá an chuma sin air, ach tá an chuma chéanna ar na tithe ar fad sa chomharsanacht. Ní bhainfidh an teach duais ailtireachta go brách agus is dócha go sáraíonn sé gach uile riail tógála san Eoraip, ach níor thit sé anuas fós.

Eisceacht iad muintir Reis sa Loteamento sa chaoi is gurb iad an t-aon chlann sa tsráid as cathair Salvador ó dhúchas. Sa chathair féin a rugadh Manuelito, Naná agus a muintir rompu. Ach ón tuath a tháinig formhór na gcomharsan atá acu sa Loteamento. Tháinig muintir Tony, an cara is fearr atá ag Nilton agus a chónaíonn trasna an bhóthair, ó Jequié, baile beag suanmhar i ndrochthailte lár tíre Bahia. Tháinig muintir Léo, Nino agus Pipoca, triúr cara eile le Nilton a chónaíonn sa tsráid chéanna, ó Cachoeira, cathair bheag nach bhfuil an fad sin ó Salvador, fiú amháin, ach nach bhfuil mórán oibre le fáil ann. Samplaí iad na clanna eile ar fad sa Loteamento den sruth daonna atá ag bánú na tuaithe agus ag plúchadh na gcathracha i Meiriceá Theas le dhá scór bliain anuas.

Mar sin féin, tá teaghlaigh 'ón gcathair' ag éirí níos coitianta i mbruachbhailte bochta na Brasaíle le tamall gairid de bhlianta anuas. De réir mar atá praghsanna tí i lár na gcathracha ag ardú agus de réir mar atá feabhas ag teacht ar na seirbhísí poiblí sna bruachbhailte bochta, tá sé ag éirí faiseanta, fiú amháin, do theaghlaigh meánaicmeacha aghaidh a thabhairt ar an favela. Thiocfadh leat a rá go

31

raibh muintir Reis cúig bliana déag chun cinn ar an slua, ach ní bhreathnóidís féin ar chúrsaí mar sin. Rogha stíl bheatha atá ann don dornán daoine meánaicmeacha atá ag aistriú isteach i mbruachbhailte bochta na tíre sa lá atá inniu ann. Thiar i 1989, nuair a chaill Naná agus Manuelito a gcuid post, ní raibh rogha ar bith ag muintir Reis. Mar sin féin, ní maith le Naná an dearcadh gur clann iad a leagadh den dréimire sóisialta.

'An chéad lá ar bhogamar isteach anseo d'fhiafraigh mo mhac is sine, Bruno, díom: "A mhamaí, an daoine bochta muid anois?" "Ní shea, a mhac," a d'fhreagair mé. "Ní rabhamar saibhir riamh."'

Le himeacht na mblianta tháinig athruithe suntasacha ar an líon tí. D'fhág Bruno an teach in aois a cúig déag. Ocht mbliana ina dhiaidh sin thug an mac ab óige sa chlann, Tiago, mac ar an saol é féin, Iago. Ní raibh Tiago agus máthair an pháiste, Leia, ach ocht mbliana déag d'aois iad féin nuair a rugadh Iago. Ní raibh siad pósta; ní raibh obair ag ceachtar acu, ná oideachas dara leibhéal. Ach an oiread le Bruno, níor chríochnaigh Tiago an mheánscoil riamh.

Saolaítear páistí do dhéagóirí i mbruachbhailte bochta na Brasaíle gach uile lá den bhliain. Mar sin féin, tá stiogma láidir ag baint leis i gcónaí. Go minic caitear na tuismitheoirí óga amach as teach a muintire chomh luath is a thagann sé chun solais go bhfuil an cailín ag iompar.

Rinne Naná agus Manuelito a gcinneadh féin áfach. Shocraigh siad go bhféadfadh Tiago, Leia agus a mac óg cónaí i dteach mhuintir Reis sa Loteamento. Ní raibh seomra spártha ar bith ann, áfach, agus chodail an chlann óg ar urlár an tseomra suí ar feadh dhá bhliain go leith.

Tá Iago ceithre bliana d'aois anois ach níl Leia agus Tiago le chéile a thuilleadh. Tá cailín nua ag Tiago agus tá cónaí ar an mbeirt acu siúd in Engomadeira, bruachbhaile nach bhfuil i bhfad ó Tancredo Neves agus a bhfuil an droch-chlú céanna air. D'fhan Leia agus Iago i dteach mhuintir Reis áfach. Ní hamháin sin, ach d'aistrigh Val, deirfiúr Leia, isteach freisin. Cé go gcodlaíonn an bheirt deirfiúracha agus Iago i dteachín beag eile sa chóngar is cuid de líon tí mhuintir Reis iad an triúr. Is i dteach mhuintir Reis a chaitheann siad an lá agus is ann a itheann siad. Ar bhealach nádúrtha agus go hiomlán neamhoifigiúil, tá Naná tar éis freagracht áirithe a ghlacadh as Iago - agus go pointe, as Leia agus as a deirfiúr Val. Tá an fhreagracht seo trom - gan trácht ar an gcostas - ach iompraíonn Naná go fonnmhar í. Mar sin féin tá sé i gceist go dtabharfaidh Leia agus Val aire dá saol féin, agus do Iago, am éigin amach anseo. Tá Naná ag múineadh cheird na cócaireachta don bheirt deirfiúracha - ceird a thug Naná féin slán níos mó ná uair amháin in am an ghátair.

'Shíl mé go raibh mé réidh le páistí óga, ach bhí tabhartas beag i ndán dom ag an saol,' a deir Naná.

Tá an *caruru* réidh. Is gearr go mbeidh fear an ghluaisrothair anseo chun an bia atá déanta ag Naná a thabhairt go dtí an taobh eile den chathair, chuig clann in Pituba, ceantar meánaicmeach i lár na cathrach. Saothraíonn Naná 600 *reais* (isteach is amach le €225) in aghaidh na míosa ar an mbealach seo, ach ní brabús ar fad é. Caithfidh sí na comhábhair don bhia a cheannach í féin, agus tá ardú ag teacht ar phraghsanna an bhia le deireanas.

Tá an t-airgead breise ag teastáil go géar an mhí seo. Ní hamháin go bhfuil an comhlacht uisce ag bagairt an t-uisce a ghearradh toisc nár éirigh le Naná an bille a íoc le dhá mhí anuas; tá an Nollaig buailte linn.

AN NOLLAIG

Aimsir na Nollag is mó a fheictear tionchar Mheiriceá Thuaidh agus na hEorpa ar an mBrasaíl. In ionad na nduilleog *pitanga* a scaipeadh muintir Bahia ar urlár a dtithe fadó chun an teach a líonadh le boladh cumhra a mheabhródh oráistí do dhuine, cuirtear sneachta bréige ar gach uile shórt anois. Ní áiféis go dtí é: sneachta i dtír thropaiceach! Sna seachtainí roimh Nollaig tá na hionaid siopadóireachta ollmhóra sa chathair ar fad ar a míle dícheall an ceann is fearr a fháil ar a chéile.

Ar ndóigh, sáraíonn iarracht Salvador Shopping, an t-ionad siopadóireachta is nua, is mó agus is gile, iarrachtaí na n-ionad eile. Tá rinc oighir ag Salvador Shopping. Níl mé cinnte cén rud is mó a chuireann ionadh orm: gur tháinig mé ar rinc oighir níos lú ná míle míle taobh theas den mheánchiorcal, nó go bhfuil daoine in Salvador atá in ann úsáid a bhaint as a leithéid. Tá na Brasaílligh go maith ag scátáil, fiú amháin. Tagann foireann bhobshleamhnánaíochta Iamáice chun cuimhne!

Tá na hionaid siopadóireachta ag cur thar maoil sna laethanta roimh Nollaig. Tá na páistí ag fanacht i línte fada ag iarraidh grianghraf a thógáil le Daidí na Nollag sna sléibhte bréagshneachta; tá a dtuismitheoirí ag rith thart ar thóir na mbronntanas is fearr agus is nua-aimseartha. Tá airgead mór sa Bhrasaíl na laethanta seo, níl dabht ar bith faoi. Fiú an té a shaothraíonn níos lú ná €100 sa mhí, tugann sé cuairt ar na hionaid siopadóireachta an tráth seo den bhliain. Níl áit ar bith sa Bhrasaíl a bhfuil tóir chomh mór ar earraí agus ar ghiúirléidí nua-aimseartha ar nós guthán póca, ceamaraí digiteacha agus seinnteoirí mp3 ná sna favelas.

'Tá aithne agam ar dhaoine nach mbíonn dóthain le n-ithe acu ach a bhfuil dhá ghuthán póca le ceamara acu,' a deir Nilton. 'B'fhearr leo cuma an tsaibhris a chur orthu féin in ainneoin ocras a bheith orthu ná go bhfeicfeadh daoine go bhfuil siad bocht.'

Sampla fíor-láidir atá á thabhairt ag Nilton, ach tá an dearcadh seo forleathan. Cé go bhfuil céatadán ollmhór de dhaonra Salvador beo bocht, ní aithneofá riamh é ar a bhformhór. Bíonn éadaí faiseanta, glana agus iarnáilte ar gach duine. Bíonn gruaig, ingne láimhe agus coise, cóirithe. *Flip-flops* a dhíoltar ar 10 *reais* na 'bróga' is coitianta sa favela, ach ní sheasfadh duine ar bith thar thairseach ionad siopadóireachta le *flip-flops* ar a chosa.

Cén chaoi a n-íocann daoine bochta as éadaí faiseanta, ingne bréige agus bearradh gruaige, gan trácht ar ghuthán póca agus seinnteoir mp3? Tá réiteach ar gach uile shórt sa Bhrasaíl agus an réiteach atá ar dheacrachtaí airgid fhormhór mór phobal na Brasaíle ná creidmheas. Tairgíonn an chuid is mó de na siopaí móra bealaí chun íocaíocht a roinnt thar 12, 24 nó fiú 36 mhí. Ar an gcaoi seo ní chosnaíonn fón póca 500 *reais* ach thart ar 60 *reais* in aghaidh na míosa. Bíonn ús ar na táillí míosúla, ar ndóigh, ach ní féidir a shéanadh go ndéanann an córas seo an saol níos éasca do go leor daoine, aimsir na Nollag ach go háirithe.

Ach níl traidisiún na mbronntanas Nollag i dteach mhuintir Nilton. Sa chaoi sin, níl brú ar aon duine airgead a chaitheamh nach bhfuil aige. Mar sin féin cuireann gach duine airgead le chéile do bhéile mór oíche Nollag a chaitear i dteach Naná nó i dteach dhuine dá triúr deirfiúracha. I mbliana, beidh béile na Nollag i dteach aintín Leu, an deirfiúr is óige ag Naná.

Ach roimhe sin, tá obair le déanamh tí Naná. Tá Naná, Manuelito, Nilton agus mé féin ag déanamh *empadas*, píóga beaga bídeacha líonta le trosc. Ceann de na rudaí is craiceáilte ar fad faoi mhuintir na Brasaíle ná an an-dúil atá acu i dtrosc, iasc as an Atlantach Thuaidh nár tháinig gar do chóstaí na Brasaíle riamh. Tháinig an dúil sa trosc anall as an Eoraip leis na Portaingéalaigh: bhí an t-iasc triomaithe áisiúil mar bhia ar an aistear fada trasna an aigéin. Sa lá atá inniu ann tá an Bhrasaíl ar an tír is mó a iomportálann trosc triomaithe as an Iorua. Ní gá a rá go bhfuil an t-iasc seo daor: thart ar thrí oiread phraghas na mairteola. Siombail stádais atá ann, ar ndóigh, agus ní féidir oíche Nollag a chaitheamh gan é - fiú sa favela.

Mar sin féin caithfear súil a choinneáil ar an méid troisc a chuirtear isteach sa chéad *empada* atáimid ag déanamh.

'Tá tú ag cur an iomarca éisc ann!' a deir Manuelito faoi gach uile cheann de na *empadas* a dhéanaimse.

Nuair atá dath órga ar na *empadas* agus boladh breá sa chistin tá sé in am aghaidh a thabhairt ar theach aintín Leu. Tá Leu ina cónaí sa Loteamento freisin, ar bhóithrín gainimh gar don Matadouro, 'Bóthar na mBúistéirí.' Tá triúr clainne ar Leu: a hiníon Tainara (14) agus a beirt mhac Teo agus Tácio (8 agus 7.) Níl ach dhá stór i dteach Leu, ach tá níos mó áiseanna sa teach aici ná mar atá ag a deirfiúr Naná. Tá ríomhaire ag Leu, fiú amháin. Ní eisceachtaí iad ríomhairí pearsanta sa favela a thuilleadh - ach ní fhéadfá ar á go bhfuil siad coitianta.

Tá sé ag tarraingt ar mheán oíche. Tá seanmháthair Nilton, Inalde, agus a chuid aintíní Nadjara, Nadjane agus Leu mar aon lena gclann siúd bailithe le chéile cheana féin i ngaráiste an tí, an t-aon seomra atá mór go leor. Muidne - Manuelito, Naná, Leia, Val, Iago, Nilton agus mé féin - na daoine deireanacha a bhaineann an áit amach. Chuir na *empadas* moill orainn.

Tá mé rud beag neirbhíseach. Bhuail mé le haintín Leu agus a clann cheana, ach seo an chéad uair go gcasfaidh mé leis an gcuid eile de mhuintir Nilton, a sheanmháthair san áireamh. Céard a cheapfaidh sise den fhear geal atá ag siúl amach lena garmhac?

Ní hé Nilton an t-aon duine aerach sa chlann. Mar a tharlaíonn, níl ach duine díreach amháin sa chlann: Tiago, an duine is óige. Tháinig Bruno amach nuair a bhí sé cúig bliana déag d'aois.

Rugadh iníon d'athair Nilton le bean eile sna 1980í. Tá an cailín seo, Aline, ar comhaois le Nilton féin agus tá caidreamh maith aici lena deartháireacha agus le Naná, cé go gcónaíonn sí lena máthair féin i gceantar eile sa chathair. Coicís i ndiaidh do Nilton insint dá mhuintir go raibh sé ag siúl amach liomsa, tháinig Aline amach mar leispiach.

Baineadh siar as athair Nilton rud beag nuair a thuig sé gur daoine aeracha iad triúr den cheathrar clainne a bhí curtha ar an saol aige, ach tar éis cúpla lá chuaigh sé i dtaithí air. Níor chuir claonadh gnéis na bpáistí isteach ná amach ar Naná. Ach tá mé neirbhíseach go leor ag bualadh le seanmháthair Nilton oíche Nollag, go háirithe tar éis do Bruno insint dom faoi chomhrá fóin a bhí aige léi.

'Bhí sí ar an bhfón chugam an mhaidin chéanna is a d'inis Nilton dá mháthair fútsa,' a dúirt Bruno liom. '"An bhfuil an scéal mór cloiste agat go fóill?" a d'fhiafraigh sí díom. Dúirt mé léi go raibh mo mham díreach tar éis glao orm faoi. "Céard a cheapann tú, Bruno? Duine geal…"'

Cheap mé go raibh sé greannmhar nár chuir sé isteach beag ná mór ar sheanmháthair Nilton - bean sna seachtóidí a tógadh ina Caitliceach cráifeach, tar éis an tsaoil - go raibh a garmhac aerach. Ach ní raibh mé ar mo shuaimhneas faoin mbéim a chuir sí ar dhath mo chraicinn.

I dtír ina bhfuil difear eacnamaíoch chomh mór sin idir daoine gorma agus daoine geala agus ina bhfuil an cháil ar eachtrannaigh ach go háirithe go bhfuil siad lán d'airgead, breathnaítear go hamhrasach ar chaidreamh grá idir na ciníocha éagsúla.

'Nuair a fheiceann daoine gorma duine gorm eile ag siúl lámh ar lámh le duine geal is é an chéad rud a cheapann siad ná go bhfuil caidreamh airgid i gceist, ní caidreamh grá,' a deireadh Nilton go minic.

An chúis imní is mó atá ormsa ná go bhféadfadh sé nach dtaitneodh sé le seanmháthair Nilton - arbh sclábhaí í a sin-seanmháthair, tar éis an tsaoil - go bhfuil a garmhac ag siúl amach le fear geal as ceann de na tíortha ba mhó a bhí ciontach i dtrádáil thrasatlantach sclábhaithe.

Ní léir réamhchlaonadh ar bith áfach nuair a chuireann Nilton mé in aithne di. Croitheann sí mo lámh agus ligeann sí dom dhá phóg a thabhairt ar a leicne di. Ansin leanann sí ar aghaidh ag ithe. Tá an ceol *samba* casta suas chomh hard sin ag aintín Leu, atá ag damhsa go fiáin i lár an tseomra le Tiago, gur iarracht in aisce atá sa chomhrá.

Ach ag meán oíche múchtar an ceol. Tá sé in am paidreacha. Is beag áit ar domhan ina gcleachtaítear oiread creideamh éagsúil agus a dhéantar i gcathair Salvador. Ní hionann agus an Eoraip, ní gá go mbíonn an creideamh céanna ag gach duine i dteaghlach amháin. A mhalairt ar fad atá fíor i gcás mhuintir Reis. Is í an Bhrasaíl an tír leis an daonra Caitliceach is mó ar domhan, ach is é Manuelito, athair

Nilton, an t-aon duine de chuid mhuintir Reis a ghlaonn Caitliceach air féin i láthair na huaire.

Baineann Naná agus Nilton leis an Spioradachas, dearcadh saoil nach reiligiún é, dar le lucht a leanta, ach eolaíocht, agus atá bunaithe go príomha ar agallaimh a chuir an fealsamh Francach Allan Kardec agus 'meáin' eile ar spioraid. Cé gur as an Eoraip don Spioradachas ó thús is sa Bhrasaíl is mó atá lucht a leanta.

Baineann Bruno leis an gcreideamh *Candomblé*, an reiligiún Afra-Bhrasaíleach is forleithne in Salvador agus sa cheantar máguaird. Go deimhin is 'sagart' de chuid an chreidimh seo Bruno: *Pai-de-Santo* mar a thugtar air i bPortaingéilis, nó *Babalorixá* mar a thugtar air in Iorubá, teanga de chuid na hAfraice a úsáidtear i searmanais an *Candomblé* i gcónaí. Tá *terreiro*, teampall de chuid an *Candomblé*, dá chuid féin ag Bruno agus tá a chuid aintíní Nadjara agus Leu agus a bpáistí siúd ina mbaill den *terreiro* seo.

Is baill de chuid na hEaglaise Baistí iad Leia, a mac Iago agus a deirfiúr Val, agus bhí tréimhse ann nuair a bhain Tiago féin le ceann den iliomad eaglaisí Protastúnacha sa chomharsanacht. Is cuma le seanmháthair Nilton cén teach pobail ina bhfuil sí - ceann Caitliceach, ceann Protastúnach, *terreiro* de chuid an *Candomblé* nó ionad de chuid an Spioradachais - chomh fada is atá Dia á adhradh ann. Tá sí cosúil le formhór mhuintir na Brasaíle ar an gcaoi sin. Is cuma cén creideamh atá agat, chomh fada is go bhfuil ceann agat.

'Ach an gcreideann tú i nDia?' a d'fhiafraigh Naná díom an lá a d'inis Nilton di go rabhamar ag siúl amach le chéile.

Bhí sí thar a bheith ciúin nuair a d'fhreagair mé nár chreid.

'Creidim sa chine daonna,' a dúirt mé ansin chun an ciúnas a bhriseadh.

Rinne Naná meangadh gáire dioplamáideach.

In ainneoin réimse na gcreideamh éagsúil atá bailithe le chéile i ngaráiste Leu seasann gach duine i gciorcal, lámh ar lámh - fiú an fear geal nach bhfuil creideamh ar bith aige. Is í Naná atá i gceannas ar na paidreacha, rud nach gcuireann ionadh ormsa ná ar dhuine bith eile sa seomra. Tá údarás séimh nádúrtha aici agus luíonn sé le réasún gurb í a ghlacfadh ceannas ar an taobh spioradálta den Nollaig - fiú más rud é nach ball d'eaglais Chríostaí í.

Tar éis na bpaidreacha cuireann Naná fáilte romhamsa sa chlann. Cosúil le rud ar bith eile a dhéanann sí, cuireann sí fáilte romham ar bhealach nádúrtha, neamhfhoirmeálta, ach níl amhras ar bith faoina dáiríreacht. Tá lúcháir orm: is duine geal, aerach, ainchreidmheach mé agus níl mé in ann comhrá ar bith a leanúint nuair atá an *samba* casta suas ard ag Leu agus Tiago, ach is cuid den chlann mé. Naná féin a dúirt é.

An lá dár gcionn - Lá Nollag - tá póit orainn; orainne agus ar mhuintir na Brasaíle ar fad.

'Céard a tharlaíonn inniu mar sin?' a fhiafraím de Nilton nuair a dhúisímid san árasán in Arvoredo. Dá mhéid brothall na maidine is ea is géire a éiríonn an phian i mo cheann.

'Tada! Aréir a bhí an Nollaig. Inniu tá daoine ag codladh go headra.'

'Céard faoi amárach, Lá Fhéile Stiofáin?'

'Lá Fhéile cé? Lá oibre amárach, bíodh a fhios agat!'

Ach ní raibh an Nollaig thart fós.

Is breá le cumann áitritheoirí an fhoirgnimh againne cóisirí, go háirithe cathaoirleach an chumainn, Rose. Gach deireadh seachtaine, nach mór, eagraíonn Rose rud éigin sa chlós coincréite os comhair an tí. Níl aon éalú uaithi, Lá Nollag ach go háirithe. Tá sí ina seasamh taobh amuigh d'fhuinneog oscailte ár seomra codlata agus deir sí go n-iompóidh sí féin amach as ár leaba muid mura bhfeicfidh sí amuigh ag an mbairbiciú muid faoi cheann cúig nóiméad.

'Ceapaim go bhfuil sí dáiríre,' a deir Nilton.

'Ní féidir léi teacht isteach tríd an bhfuinneog,' a deirim.

'Ach níl tú ag iarraidh go dtabharfaidh sí na comharsana eile ar fad chomh fada leis an bhfuinneog ach an oiread,' a deir Nilton.

Cúig nóiméad níos déanaí, táimid ag cuimilt na súl codlatach againn agus ag croitheadh lámh na gcomharsan sa chlós os comhair an tí. Níl ann ach cúpla nóiméad tar éis a naoi ar maidin ach tá an ghrian dár róstadh.

'Druidigí isteach faoi scáth an phóirse,' a deir duine de na comharsana, bean óg a chónaíonn ar an dara hurlár lena fear céile agus a mac.

'Tusa ach go háirithe, le do chraiceann geal!'
Níl sé a deich a chlog fós nuair a théann deirfiúr le Rose, bean ramhar sna caogaidí (agus nach bhfuil cónaí uirthi san fhoirgneamh againne,

buíochas le Dia) síos ar a gogaide os mo chomhair. Lámha san aer, tosaíonn sí á cuimilt féin i gcoinne mo chos le rithimí tréana an *reggae* atá ag bleaisteáil as na callairí.

'Nach orainne an t-ádh go bhfuil fear geal chomh dathúil leat féin inár measc!' a bhéiceann deirfiúr Rose i mo chluas nuair a éiríonn sí an athuair, lámh amháin timpeall ar mo mhuineál agus buidéal beorach sa lámh eile.

Ach in ainneoin na háiféise tá an fháilte a chuirtear romham féin agus roimh Nilton an-dáiríre. Tá géarghá le cóisirí mar seo, a mhíníonn Rose dúinn. Is ionann smacht sóisialta agus muid a choinneáil slán.

'Clann mhór ar fad muid san fhoirgneamh seo,' a deir sí, 'Agus tá sé sin le haithint ar an bhfoirgneamh féin.'

Is léir don dall céard atá i gceist aici. Níl gach uile fhoirgneamh in Arvoredo chomh sábháilte leis an gceann ina bhfuilimidne inár gcónaí. Tá sé riachtanach do mhuintir an tí fáil amach cé hiad an bheirt nua atá leaindeáilte ina measc anois, an fear dorcha sin ó na tithe bochta ag bun an chnoic sa Loteamento, agus a chara *gringo*.

'Nach mbeidh sé contúirteach do bheirt fhear cónaí le chéile sa Bhrasaíl, go háirithe i mbruachbhaile bocht?'

Déarfainn gurb í sin an cheist ba mhó a cuireadh orm san Eoraip sular bhog mé go dtí an Bhrasaíl. Ach cuireadh an cheist sin ag gáire i gcónaí mé, toisc go raibh an freagra agam cheana féin.

Fad is atá pobal fásta an tí ag ól agus ag damhsa agus na páistí ag imirt peile sa chlós, fágtar mise agus Nilton i bhfeighil an bhairbiciú. Ní chuireann sé isteach ar dhuine ar bith go mbeireann ár lámha ní hamháin ar an bhfeoil, ach ar cholainn a chéile ó am go ham.

'Is onóir mhór dúinn an foirgneamh a roinnt le bhur leithéidí,' a deir Alah, fear céile Rose.

Tá babhla mór le píosaí ae aige le cur ar an mbairbiciú.

'Beidh sibh slán sábháilte san áras seo. Mar a dúirt Rose, clann mhór amháin muid. Dúisíonn scread san oíche os cionn dhá scór duine san fhoirgneamh seo, agus beidh an dá scór sin anuas ar pé bithiúnach a bhfuil sé de mhí-ádh air cos a chur thar thairseach an tí.'

Tagann deireadh leis an mbairbiciú le luí na gréine. Tá gach duine ag dul a luí. Lá oibre a bheas ann amárach, tar éis an tsaoil. Téim féin a luí freisin, sásta. Nollaig mhaith a bhí ann. Tá fáilte romham ní hamháin i dteaghlach mhuintir Reis, ach sa chomharsanacht ar fad, is cosúil.

AN GRINGO SA FAVELA

Tá mé i mo sheasamh ag stad bus ag Arvoredo, ag fanacht ar bhus isteach go dtí an chathair. Lá idir Nollaig agus Oíche Chinn Bhliana atá ann, ach maidin ar nós maidin ar bith eile í. Tá sé luath fós ach tá mé ag cur allais cheana féin, ag tabhairt amach os íseal go bhfuil orm bríste fada a chaitheamh inniu. Ach níl aon dul as. Caithfidh mé dul go dtí an banc.

Cé go bhfuil 180,000 duine ina gcónaí in Tancredo Neves, níl banc ar bith ann. Níl sé sábháilte go leor. Ciallaíonn sé sin go bhfuil orm turas bus uair an chloig a dhéanamh go dtí an banc i lár na cathrach, agus turas bus uair an chloig ar ais, uair ar bith a theastaíonn airgead uaim.

Caithim bríste fada chuig an mbanc ar dhá chúis. In ainneoin an bhrothaill shíoraí, is nós le muintir na Brasaíle 'éadaí cearta' a chaitheamh agus iad i mbun gnó oifigiúil ar bith. Bríste fada, léine le cnaipí ar a laghad. Ceadaítear muinchillí gearra, ach is ar éigean é. An rud is tábhachtaí ar fad: bróga cearta. An chéad rud a dhéanann Brasaíleach nuair a chasann sé le duine nua, ná breathnú ar a bhróga. Tugann bróga caite le fios go bhfuil deacrachtaí airgid agat. Tugann *flip-flops* le fios go bhfuil tú bocht i ndáiríre. Tá *flip-flops* ag gach duine: gan dabht ar bith is iad na 'bróga' is compordaí sa teas. Ach ní sheasfadh mórán Brasaíleach isteach i mbanc, oifig, nó in ionad siopadóireachta féin gan péire bróg ceart orthu.

Is cuma liomsa céard a cheapann foireann an bhainc fúm. Ní bheidh orm labhairt le duine ar bith acu fiú amháin - níl uaim ach airgead a tharraingt as an meaisín. Ach is í an tsábháilteacht an phríomhchúis go gcaithimse bríste fada chuig an mbanc. Ar an gcaoi seo, is féidir liom mo sparán *velcro* a chur timpeall ar mo chos, ceilte faoin mbríste fada, rud a thugann suaimhneas intinne éigin dom agus mé ar an mbus ar feadh uair an chloig le níos mó ná pá míosa an ghnáthBhrasaíligh i mo sheilbh. Ar ndóigh ní bheadh maith ar bith ann dá seasfadh robálaí os mo chomhair agus scian nó gunna aige. Ach ar a laghad tá mo sparán slán ó lámha ghadaithe sráide, rud nach mbeadh i mo phóca, sa bhus pacáilte.

Ag stad an bhus, ní mise amháin atá ag fulaingt leis an teas. Shílfeá go mbeadh cleachtadh ag muintir na háite ar an aimsir thropaiceach, ach tugann muintir Bahia amach faoin teas mar a thugann muintir na hÉireann amach faoin mbáisteach. In aice liom, tá beirt chailíní faoi éide scoile ag úsáid a gcuid leabhar mar scáth gréine ar a gcloigeann. Níl scamall ar bith sa spéir, ach tá beirt bhan ag stad an bhus le scáthanna fearthainne buí, á n-úsáid mar scáthanna gréine. Tá an chuid eile againn brúite isteach le chéile faoi sheastán stad an bhus, struchtúr coincréite a chaitheann scáth cearnógach ar an gcosán. Ach an t-am seo den mhaidin, ní ar an gcosán a thiteann an chuid is mó den scáth ach ar an mballa taobh thiar den seastán.

Go tobann, feicim rud a bhaineann siar go mór asam. Feicim mé féin i bhfuinneog an chaife idirlín trasna an bhóthair, fear geal le gruaig liath a sheasann amach ón slua ag stad an bhus chomh mór céanna is a sheasfadh fear ó phláinéad eile. Feicim mé féin mar a fheiceann muintir Tancredo Neves mé: an t-aon duine geal i bhfoisceacht uair an chloig den áit seo. Dath caife bainne, dath seacláide nó dath *espresso* atá ar gach duine eile. Tá sé deacair cur síos a dhéanamh i nGaeilge ar éagsúlacht na ndathanna craicinn in Bahia, ach ní nach ionadh i gcathair ar dhaoine gorma iad 80 faoin gcéad den daonra inti, tá focal i bPortaingéilis Salvador ar gach uile imir de chraiceann gorm: *Moreno, Mulato, Cabo-Verdiano, Negro, Cafuzo.*

Thosaigh meascadh na gciníocha in Salvador na céadta bliain ó shin. Ar ndóigh, bhí daonra bundúchasach sa Bhrasaíl i bhfad sular tháinig muintir na hEorpa go Meiriceá Theas an chéad lá riamh. Ach níorbh iad na bundúchasaigh ná na hEorpaigh a d'fhág an lorg ba mhó ar chomhdhéanamh cine na cathrach.

Idir 1502 agus 1850 thug longa Eorpacha agus Brasaíleacha nach mór ceithre mhilliún Afracach go dtí an Bhrasaíl mar sclábhaithe. Meastar go bhfuair idir leathmhilliún agus milliún duine eile bás le linn an aistir. Pobail Fon ó chósta thiar na hAfraice, pobail Iorubá ón gceantar ina bhfuil an Nigéir, Togo agus Béinín suite anois agus pobail Bantu ó Angola a bhí ina bhformhór. Rinne na trádálaithe agus na máistrí Portaingéalacha na sclábhaithe a mheascadh suas d'aon ghnó: réabadh teaghlaigh agus pobail ó chéile sna hiarrachtaí a rinneadh chun dúchas, teangacha, reiligiúin agus cultúr na nAfracach a scrios. Ní raibh drogall ar bith ar na máistrí ach an oiread a bpór féin ón Eoraip a mheascadh le pór na nAfracach a bhí mar sclábhaithe acu. 'Mulato' an téarma a thugtar ar dhaoine de phór measctha gorm agus geal.

Nuair a thosaigh trádáil na sclábhaithe, ba í Salvador príomhchathair na Brasaíle. Go deimhin ba í Salvador an chathair ba mhó ar mhór-roinn Mheiriceá, Thuaidh agus Theas. Bhí cumhacht réimeas coilíneach na bPortaingéalach lonnaithe sa *Cidade Alta*, an chathair ársa i lár Salvador atá tógtha go straitéiseach ar bharr aille. Bhí radharc ón aill ag trádálaithe an tseachtú haois deág ar an gcuan ar fad agus ar cheann de na loingis trádála ba mhó agus ba thábhachtaí ag an am: loingeas Impireacht na Portaingéile, a thug siúcra, ór agus airgead chun na hEorpa. An t-ór nár cuireadh thar sáile, úsáideadh é mar mhaisiú ar na céadta séipéal a thóg na Portaingéalaigh - Caitlicigh chráifeacha - ar fud na cathrach.

Níor tugadh dúshlán na bPortaingéalach in Salvador ach uair amháin. Ghabh loingeas na hOllainne an chathair sa bhliain 1624, ach níor mhair a réimeas sin i bhfad. Bhuail fórsaí na Portaingéile agus na Spáinne go dona iad an bhliain dár gcionn, agus cuireadh an ruaig orthu as Bahia. Mar sin féin d'fhág ionradh na nOllannach in Salvador agus an choilíneacht Ollannach a bhí i réim in Recife idir 1630 agus 1654 rian ar dhaonra oirthuaisceart na Brasaíle. Tá rian an dúchais seo ar shúile gorma chuid de na Brasaíligh de phór Ollannach sna bólaí seo.

Chiúnaigh cúrsaí síos go mór tar éis 1763. Sa bhliain sin d'aistrigh Impireacht na Portaingéile príomhchathair na Brasaíle na mílte míle ó dheas, go Rio de Janeiro, cathair a bhí níos cóngaraí d'ór agus do mhianraí Minas Gerais agus cathair a bhí níos éasca a chosaint.

Le himeacht na cúirte coilíní, thit suan ar Salvador. Bhain an Bhrasaíl neamhspleáchas amach ón bPortaingéil i 1822 ach lean trádáil na sclábhaithe trasatlantacha ar aghaidh - faoi stiúir na mBrasaíleach féin - go dtí 1850. Cé gur stop an trádáil sa bhliain sin, ní raibh deireadh leis an sclábhaíocht féin go fóill. Tháinig dhá ghlúin iomlána ar an saol mar sclábhaithe ar phlandálacha na Brasaíle ina dhiaidh sin. Sa bhliain 1888 cuireadh stop leis an sclábhaíocht faoi dheireadh. Ar 13 Bealtaine an bhliain sin chuir an bhanphrionsa Bhrasaíleach Isabel a síniú le ceann de na píosaí reachtaíochta ba shimplí agus ab fhuarchúisí a cumadh riamh. Níl ach dhá mhír sa dlí seo, ar a dtugtar an 'Dlí Órga':

Mír 1: Ón dáta seo ar aghaidh, tá deireadh leis an sclábhaíocht sa Bhrasaíl.
Mír 2: Aisghairmtear na socruithe dá mhalairt.

I bhfocail eile, bhí deireadh leis an sclábhaíocht, ach ní raibh cúiteamh
ná cearta ar bith ar fáil do na hiarsclábhaithe. Ní ba mheasa fós, ní
raibh obair acu a thuilleadh. Ní raibh formhór úinéirí na bplandálacha
sásta a gcuid iar-sclábhaithe a fhostú. Áiféis a bheadh ann íoc as rud a
bhí saor in aisce roimhe sin, a mheas lucht na bplandálacha. Chuaigh
cuid de na plandálacha bealach na tionsclaíochta, chuaigh cuid eile i
muinín inimirceach geala ó dheisceart na hEorpa, chuaigh cuid eile arís
go tóin poill.

D'ordaigh Aire Talmhaíochta na linne, Rui Barbosa, a bhfuil na mílte
sráideanna ainmnithe ina onóir ar fud na Brasaíle, go scriosfaí na
leabhair rolla ar fad a bhain le haimsir na sclábhaíochta. D'fhág seo
nach bhféadfadh iar-sclábhaithe ná a sliocht cásanna dlí a thabhairt i
gcoinne a gcuid úinéirí go brách. Bhí an cruthúnas scriosta.

Go teoiriciúil, thug an Dlí Órga a saoirse do shliocht na hAfraice sa
Bhrasaíl. Ach go praiticiúil, ba phíosa reachtaíochta í a d'fhág gur
caitheadh milliún duine gorm amach as a gcuid tithe. In aghaidh a
dtola a bhí siad ina gcónaí ar na plandálacha, ach ar a laghad bhí áit
chónaithe acu. Fágadh iad díomhaoin, gan dídean agus beo bocht.

Thug siad aghaidh ar na cathracha ina gcéadta míle, go Rio de Janeiro
agus go Salvador ach go háirithe. Ach ní feabhas a bhí i ndán dóibh sna
cathracha plúchta nach raibh in ann déileáil leis an sruth daonna seo.
D'fhás crios de bhruachbhailte bochta timpeall ar na cathracha - na
chéad favelas. D'fhág easpa oiliúna, agus goimh na n-iarsclábhaithe
faoinar tharla dóibh, go raibh drogall ar mhuintir na cathrach iad a
fhostú. Thosaigh fáinne fí an mhíbhuntáiste - easpa oideachais,
dífhostaíocht, bochtanas agus ciníochas - a mhaireann fós.

Ag an am sin, ag deireadh an naoú haois déag, ní raibh Salvador pioc cosúil leis an bpríomhchathair mhaorga choilíneach a bhí inti nuair ba í príomhchathair na Brasaíle í. Ní raibh inti a thuilleadh ach príomhchathair cheann de na stáit ba bhoichte, ba mhó ar gcúl sa tír. Bhí ráigeanna galair ar nós na bolgaí agus na deilgní coitianta. Níor bhain taoillí móra inimirce an fichiú haois chun na Brasaíle - Iodáiligh, Gearmánaigh agus Seapánaigh - Salvador amach a bheag nó a mhór.

Mar sin féin chinntigh teas tropaiceach Bahia gur meascadh le chéile na comhábhair éagsúla gineolaíocha a bhí in Salvador cheana féin. '20 faoin gcéad Bundúchasach, 30 faoin gcéad Geal, 50 faoin gcéad Afracach = 100 faoin gcéad Brasaíleach' an mana atá scríofa ar T-léine atá á chaitheamh ag fear ag stad an bhus agus is é an léiriú is cruinne é a chonaic mé riamh ar an dearcadh atá ag muintir Bahia ar a bhféiniúlacht mar chine.

Sa lá atá inniu ann, tá sráideanna Salvador cosúil leis an mbiachlár i dteach caife: tá gach uile imir caife ann, ó *latte* éadrom go *espresso* dorcha. Ach dá fhad ó lár na cathrach agus ó na ceantair saibhre ar chósta an Atlantaigh a théann tú is dorcha cneas na ndaoine. Anseo in Tancredo Neves, uair an chloig ó lár na cathrach, tá an caife láidir. Ag breathnú orm féin i bhfuinneog an chaife idirlín trasna an bhóthair, is léir go bhfuil an caife in easnamh ormsa go hiomlán. Níl ionam ach bainne.

An fáth go mbaineann an tsamhail seo díom féin siar chomh mór sin asam ná go bhfuil dearmad déanta agam féin gur duine geal mé. Tá a fhios agam gur deacair é sin a chreidiúint, ach tá m'intinn tar éis bob a bhualadh orm. Níl feicthe agam le mí anuas ach daoine ar dhath caife.

Tá m'intinn ag ceapadh go bhfuil dath caife ar gach duine beo, mé féin san áireamh.

Ar ndóigh bhí a fhios agam roimh ré go seasfainn amach mar fhear geal i mbruachbhaile gorm. Ach níor rith sé liom riamh go bhféadfadh sé cur isteach orm chomh mór sin. Cosúil le formhór mór mhuintir iarthar na hEorpa ní raibh cónaí orm riamh in áit inar mhionlach cine mé. D'fhás mé aníos ag ceapadh gur mise an riail, ní an eisceacht.

Tá sé aisteach gur thóg sé mí orm a fheiceáil go seasaim amach ón slua in Tancredo Neves. D'fhéadfá saontacht a chur i mo leith ach shíl mé gur leor mí faoin ngrian le dath folláin a chur orm, dath bainne le ruainne caife istigh ann, dath Tony, an buachaill béal dorais. An bac fisiciúil sin as an mbealach, gan dath taibhsiúil an turasóra orm a thuilleadh, d'fhéadfainn tosú ag meascadh isteach i gceart.

Níl aon radharc ar an mbus go fóill. Tógaim céim chun tosaigh, faoi sholas na gréine. Ach tá a fhios agam gur iarracht in aisce atá ann. Má sheasaim amach an oiread sin, fiú agus dath buí orm tar éis míosa faoi ghrian na dtropaicí, ní dhéanfaidh cúpla nóiméad eile difear ar bith. Tagann ísle brí orm. Níl bealach ar bith go nglacfar liom go brách mar dhuine de mhuintir na háite anseo, mar a glacadh liom in Éirinn i gcónaí. Tar éis an tsaoil, ba inimirceach a bhí ionam i nGaillimh freisin.

Tá allas liom. Ní hé an teas is cúis leis ach mo mhíchompord, le mo cholainn Eorpach, san áit seo. Mar bharr ar an mí-ádh seo, seo an chéad uair agam amuigh liom féin in Tancredo Neves gan Nilton i mo chuideachta. Tá cónaí ar Nilton sa favela le fiche bliain nach mór agus tá súilaithne ag go leor daoine sa Loteamento agus in Arvoredo air. Is leor eisean a bheith le mo thaobh mar mhíniú ar dhuine geal a bheith sa favela. Ach níl mé cinnte an bhfuil mé chomh sábháilte céanna gan é.

Tá gach duine ag stad an bhus ag breathnú orm. Breathnaíonn na daoine fásta orm as cúinní a gcuid súl, ach níl na páistí ag déanamh iarrachta ar bith a gcuid fiosrachta a cheilt. Tá cailín óg amháin ag féachaint orm le súile móra, lámh amháin i lámh a máthar agus ordóg a láimhe eile ina béal.

Tógaim anáil dhomhain. An bealach is fearr le cinntiú nach gceapfaidh daoine gur turasóir caillte mé - duine a mbeadh sé éasca bob a bhualadh air - ná ligean orm féin go bhfuil mé díreach san áit ba chóir dom a bheith agus go bhfuil a fhios agam go díreach cén áit a bhfuil mé ag dul. Níl sé sin chomh deacair sin. Tá mé i mo chónaí anseo anois, tar éis an tsaoil. Tógaim céim siar arís, amach ón ngrian, isteach faoi scáth sheastán an bhus. Ní sheasann duine ar bith de mhuintir na háite faoin ngrian mura bhfuil gá leis.

'Tá sé níos fearr faoin scáth, nach bhfuil? Caithfidh tú a bheith cúramach le do chraiceann, go háirithe duine a bhfuil craiceann aige mar atá agatsa,' a deir bean mheánaosta liom.

Bean chaol ghalánta atá inti. Tá dath caife éadrom ar a craiceann. Tá a cuid gruaige dírithe go ceimiciúil aici mar atá ag go leor ban anseo.

'Is dócha,' a deirim.

Níl fonn comhrá ar bith orm, ach tá an bhean ag stánadh orm amhail is go bhfuil sí ag súil le freagra níos fearr.

'Ní aithníonn tú mé,' a deir sí ansin. 'Mise Neuza, máthair Tony!'

Déanann an bheirt againn gáire. Leanaimid orainn ag comhrá faoi Nilton agus ár n-árasán nua. Titeann ualach de mo chroí. Anois agus duine de mhuintir na háite ag caint liom amhail is go bhfuil seanaithne aici orm, éiríonn na daoine ag stad an bhus as a bheith ag breathnú orm. Na daoine fásta cibé. Tá an cailín óg ag baint lán an dá shúl asam i gcónaí ach is cuma liom faoi sin anois. Lena comhrá, léirigh máthair Tony gur duine de mhuintir na háite anois mé, ní hamháin do na mná agus na fir ag stad an bhus, ach dom féin ach go háirithe.

Níl aon dul as. Mise an *gringo* sa favela. Ach níl aon dochar sa mhéid sin. Tugaim faoi deara go bhfuil muintir na háite ag dul i dtaithí orm de réir a chéile. Níos minice agus níos minice, téim chuig na siopaí in Macaco liom féin, nó chuig an ionad aclaíochta thuas in Anjo Mau. Um thráthnóna, téim ag rith ar an mbóthar leathan idir Arvoredo agus an Loteamento, mar a dhéanann go leor daoine an t-am sin den lá. Is é an plean atá agam ná go bhfeicfidh oiread daoine agus is féidir gur i mo chónaí sa cheantar atá mé agus nach *gringo* caillte atá ionam. Ní fada go mbeannaíonn lucht na reathaíochta dom. Tar éis tamaill is beag duine a thugann suntas dom a thuilleadh.

TONY AGUS NEUZA

Casadh Neuza orm go gairid ina dhiaidh sin arís, ag pointe cinniúnach ina saol.

Tony, mac Neuza, an cara is fearr atá ag Nilton. Cónaíonn Tony, Neuza agus a athair João sa teach díreach trasna an bhóthair ó theach Naná, i gcuideachta cheithre chearc, madra beag dubh, turtar, canáraí agus lacha.

Naoi mbliana déag d'aois atá Tony agus an Nollaig seo, níl ach cuspóir amháin sa saol aige: éirí mór. Mura bhfuil sé ag ardú meáchan san ionad aclaíochta tá sé ag ithe, agus mura bhfuil sé ag ithe tá sé ina chodladh.

Ach ní fear leisciúil é Tony. Mar a tharlaíonn, tá an saol bog a chaitheann sé na laethanta seo tuillte go maith aige. Tá céim thábhachtach ina shaol díreach curtha de aige: rinne sé an Ardteist, agus d'éirigh go maith leis. Sin rud nach féidir le mórán de mhuintir an Loteamento a rá. Ná le mórán daoine sa chathair ar fad, go deimhin. Níl oideachas dara leibhéal ach ag 20 faoin gcéad de dhaonra Bahia. Rinne Tony éacht, mar sin, ach ní shin an t-aon chúis amháin gur scéal ar leith é a chás siúd. Rinne a mháthair, Neuza, atá daichead a cúig bliana d'aois, an Ardteist ina chuideachta.

Oíche bhronnadh na dteastas tá siad ina suí in aice a chéile. Tá greim ag Tony ar lámh a mháthar. Tá an bheirt acu neirbhíseach, cé go bhfuil an obair ar fad i gcrích. Ach ní fhaigheann siad an deis éadaí snasta mar atá orthu anocht a chaitheamh gach uile lá. Tá gúna fada uaithne ceannaithe ag Neuza don ócáid agus tá *tuxedo* dubh faighte ar cíos ag Tony.

'Laochra sibh ar fad,' a deir duine de mhúinteoirí na scoile, bean mheánaosta, agus í ag labhairt le slua na mac léinn Ardteiste, a ngaolta agus a gcairde, ó ardán ag barr halla na scoile. Tá mé féin, Nilton agus Analine, cailín Tony, inár seasamh in aice leis an mballa. Níl suíochán ar bith fágtha.

'Laochra sibh ar fad, toisc gur éirigh libh bhur gcuid oideachais dara leibhéal a chríochnú in ainneoin na ndeacrachtaí ar fad. Sin míorúilt bheag!'

Tá sé ina bhualadh bos.

Tá an ceart ag an múinteoir, ar ndóigh. Gan oideachas dara leibhéal ach ag 20 faoin gcéad den daonra, tá ceann de na rátaí oideachais is ísle sa tír ar fad ag stát Bahia.

'Ní gá duit ach breathnú ar theaghlach s'agam féin,' a deir Nilton liomsa agus le Analine.

'D'éirigh mo bheirt deartháireacha as an meánscoil sular bhain siad rang na hArdteiste amach fiú amháin. Is ar éigean atá m'athair in ann léamh agus scríobh.'

Ní shin le rá áfach gur dream leisciúil iad aos óg an Loteamento. Ní féidir a shéanadh go bhfuil easpa spreagtha i gceist in amanna, ach is é an phríomhchúis go n-éiríonn daltaí meánscoile as a gcuid oideachais róluath ná an bochtanas. Tá rogha dheacair le déanamh ag déagóirí in áiteanna cosúil le Tancredo Neves. Bíonn orthu a bheith ag obair i rith an lae le greim bia a chur ina mbéal; san oíche a théann siad ar an meánscoil. Ní gach duine atá in ann don bhrú sin. Bhí an brú céanna ar Tony, a oibríonn ar sheastán irisí i lár na cathrach sé lá na seachtaine.

Tá an bronnadh féin thart. Táimid inár suí ag ceann de na boird phlaisteacha atá curtha suas i gclós na scoile don ócáid. Tá gach uile mhac léinn ina shuí lena mhuintir féin. Tá clós na scoile lán go béal, ach níl radharc ar chuid mhór de na daoine a bhí i rang Tony agus Neuza trí bliana ó shin.

'D'éirigh go leor de mo chairde féin as,' a deir Tony. 'Go leor de na daoine i mo rang, ní raibh an fuinneamh acu, nó níor thuig siad an tábhacht a bhaineann leis an Ardteist.'

Má bhí ar Tony oibriú go crua, is míorúilt ar fad é gur éirigh lena mháthair Neuza an Ardteist a bhaint amach.

'As cathair bheag lár tíre i ndrochthailte Bahia ó dhúchas mé,' a mhíníonn Neuza.

Táimid ag ól seaimpéine bréige as gloiní plaisteacha.

'Fuair mo mháthair bás nuair a bhí mé cúig bliana déag d'aois. Ní raibh rogha agam ach aghaidh a thabhairt ar an gcathair mhór. Ach ní raibh cur amach agam ar Salvador. Bhí an chathair contúirteach. Bhíodh eagla orm. Ní raibh sé de mhisneach agam dul amach as an teach san oíche le dul ar scoil.'

Bhí an deis caillte ansin. Phós Neuza. Rugadh Tony, a haon mhac, go luath ina dhiaidh sin. Bhí uirthi féin agus ar athair Tony, João, saothrú go crua leis an teaghlach a choinneáil ag imeacht. Ach ocht mbliana ó shin, cuireadh cor ina gcinniúint. Thit athair Tony de dhíon an tí. Mhair sé, ach rinneadh dochar mór dá inchinn. Go tobann, bhí freagracht iomlán an teaghlaigh ar Neuza féin: Tony a thógáil agus cúram leanúnach a thabhairt do João.

Ach fiche bliain i ndiaidh di suí i seomra ranga den uair dheireanach, rinne Neuza cinneadh filleadh ar scoil. Bhí Tony cúig bliana déag ag an am - an aois chéanna a bhí aici féin nuair ab éigean di an scoil a fhágáil. Ní hamháin go ndeachaigh Neuza isteach sa mheánscoil chéanna le Tony, chuaigh sí isteach sa rang ceanann céanna lena mac.

'Ar feadh na mblianta sin ar fad bhí brionglóid agam go mbeinn in ann an mheánscoil a chríochnú lá breá éigin,' a deir Neuza. 'Ach níor cheap mé riamh go mbeinn sa rang céanna le mo mhac. Rud iontach a bhí ansin domsa.'

Níor chuir sé sin isteach ar Tony a bheag nó a mhór. Bhí sé bródúil as a mháthair.

'Shuímis in aice le chéile go hiondúil, agus nuair ab fhéidir, ba ghnáth linn an obair bhaile a dhéanamh le chéile,' a deir sé.

Ach minic go leor, ní raibh am ar bith acu don obair bhaile. Bhíodh easpa ama ar Neuza ach go háirithe.

'Cath i gcoinne an chloig a bhí ann domsa gach uile lá,' a deir sí. 'Tá orm éirí ag leathuair tar éis a trí ar maidin chun an bus a fháil, isteach go lár na cathrach, chuig an obair. Fillim abhaile le linn thranglam tráchta an tráthnóna. Ar feadh trí bliana, chuaigh mé caol díreach chuig an scoil ón obair, ní bhíodh an t-am agam ithe go dtí go mbeinn ar ais sa bhaile, tar éis a deich a chlog san oíche.'

Ligeann sí osna.

'Cineál teiripe a bhí ann dom, Alex. Bhí sé crua orm, an dtuigeann tú, ó bhain an timpiste de m'fhear céile. Go háirithe sna chéad bhlianta. Ach thug an scoil mo chuid misnigh agus mo chuid féinmhuiníne ar ais dom.'

Anocht, faoi sholas na lampaí beaga gleoite i gclós na scoile agus le teastas na scrúduithe ina lámha, tá Tony agus a mháthair dóchasach faoin todhchaí. Ach tá a fhios acu freisin go bhfuil bealach fada rompu i gcónaí.

'Ní athróidh an teastas seo mo shaol thar oíche,' a deir Neuza. 'Ach is tús é. Beidh orm troid go láidir chun an t-airgead agus an t-am a fháil leanúint ar aghaidh ag foghlaim amach anseo.'

Aontaíonn Tony lena mháthair.

'Bíonn sé le léamh i ngach fógra poist sa nuachtán: 'Oideachas Dara Leibhéal Riachtanach'. Ach na poist sin féin, ní poist iad a íocann go maith. Má theastaíonn post maith uait, caithfidh tú coinneáil ort ag staidéar agus céim tríú leibhéal a bhaint amach.'

Agus sin rud nach bhfuil an t-airgead agus an t-am ach ag 2 faoin gcéad de mhuintir stát Bahia lena aghaidh.

Mar sin féin, tá a intinn déanta suas ag Tony.

'Teastaíonn uaim a bheith i mo mhúinteoir amach anseo.'

Ach beidh go leor constaicí le sárú sula mbeidh Tony féin os comhair rang scoile. Ceann de na constaicí is mó a bheas sa bhealach ar Tony agus ar Neuza ná an seoladh poist, an t-ionad cónaithe acu. Go minic, cuirtear CV le seoladh in Tancredo Neves i leataobh sula dtosaíonn na hagallaimh don phost.

'Tá sé i gcoinne an dlí, ach tarlaíonn sé an t-am ar fad,' a deir Tony.

Nuair a chloisim sin, ní chuireann sé oiread iontais orm a thuilleadh go n-éiríonn céatadán chomh hard sin d'aos óg na cathrach as a gcuid scolaíochta gan an Ardteist bainte amach acu.

BLAS AN TSAOIL

Andúileach caife mé. Sin rian a d'fhág an tréimhse a raibh mo theach caife féin agam ar Shráid Dhoiminic i nGaillimh ar mo phearsantacht. Ach ní hamháin go bhfuil andúil agam sa chaife, tá éirí in airde ag baint liom freisin nuair atá caife i gceist. Níl rud ar bith ar domhan a chuireann oiread feirge orm agus a chuireann droch-chaife. Tar éis dom féin cúig bliana go leith a chaitheamh i mbun inneall *espresso* a oibriú, tá a fhios agam go maith go bhfuil sé réasúnta simplí caife ceart a dhéanamh.

Tagann trian de na pónairí caife ar fad a fhástar ar chlár na cruinne as an mBrasaíl. Shílfeá mar sin nach mbeadh sé ródheacair orm mo mhianta caife ar fad a shásamh i mo thír chónaithe nua. Ach a mhalairt ar fad atá fíor. Bíonn an caife in Salvador ina chéasadh croí.

Tá an andúil agamsa sa chaife ina ábhar magaidh leanúnach idir mé féin agus Naná, máthair Nilton. An uair a d'fhan mé ar an urlár i seomra Nilton mar tholgshurfálaí, d'ídigh mé stóras caife míosa Naná laistigh de sheachtain amháin. Ní raibh a fhios agam ag an am go gceannaíonn Naná earraí ar nós caife, pónairí, rís, plúr agus siúcra in aon bhabhta amháin ag tús na míosa, nuair a thugann a fear céile Manuelito an liúntas tí gach mí di.

Tá cleachtadh maith ag muintir Reis ar chaife lag - a fhágtar i mbuidéal teirmis ar bhord na cistine ar feadh an lae - ach ní raibh agamsa. Cinnte, bhí an caife a rinne mise i bhfad níos deise, a dúirt Nilton, Tiago, Val agus Leia. D'admhaigh Naná féin go raibh, fiú amháin, chomh fada agus a chuirfeá bainne tríd. Ach cheap sí go raibh bealach cliste Eorpach agam chun an caife a dhéanamh. Ní raibh a fhios aici go raibh mé ag úsáid ceithre oiread caife meilte agus a d'úsáideadh sí féin. Ó shin i leith tugaim paicéad caife liom mar bhronntanas beagnach gach uile uair a théim ar cuairt chuig teach mhuintir Reis.

Dlúthchuid de bhia-aiste mhuintir Bahia é caife. Bíonn gloine caife agus neart siúcra tríd ag óg agus aosta an chéad rud ar maidin. Is minic a mheasctar an siúcra tríd an gcaife sa bhuidéal teirmis ina gcoinnítear te é in ionad an rogha a fhágáil ag an duine féin. Cuireann formhór mhuintir Bahia bainne tríd an gcaife freisin, ach ní aithneodh Éireannach ar bith an bainne a óltar in Tancredo Neves.

Ba bheag nár thit mo shúile as mo cheann nuair a chonaic mé Naná 'ag déanamh bainne' den chéad uair. Úsáideann Naná púdar bainne Nestlé agus uisce ón sconna chun leacht tanaí bán a dhéanamh. Bhí cloiste agam faoi phúdar bainne, ar ndóigh, ach smaoinigh mé air i gcomhthéacs leanaí i gcónaí. Níor rith sé liom riamh go n-ólfadh daoine fásta a leithéid. Ach tá ciall éigin ag baint leis. I dteas tropaiceach Bahia, téann bainne ón mbó ó mhaith laistigh d'uair an chloig. Chomh maith leis sin, tá púdar bainne i bhfad, i bhfad níos saoire ná an bainne steirilithe atá ar díol i roinnt siopaí. Agus bí cinnte go mbaineann Naná fad as canna púdar bainne.

Díolann gach uile shiopa in Tancredo Neves paicéid caife meilte. Tá siad iontach saor (gheofá paicéad 250gr ar luach euro amháin) ach níl aon mhaith dáiríre le ceann ar bith acu. Thriail mé gach uile bhranda agus tá siad uile géar agus goirt. Cén chaoi a bhféadfadh an caife sa tír is mó ina bhfástar pónairí caife a bheith chomh dona sin? Lá amháin, san ollmhargadh in Anjo Mau, rith freagra na ceiste sin liom. Bhí an fhírinne chomh simplí agus a bhí sí goirt. Easportáiltear an caife maith ar fad go dtí an Eoraip agus go Meiriceá Thuaidh; ní bhíonn fágtha ag muintir na Brasaíle féin ach an dríodar, an stuif géar nach féidir a ól gan siúcra agus bainne púdair a chur tríd.

Ach ní raibh mise sásta leis sin, ná baol air. Bhí mé breá sásta cónaí in favela, ach tá caife maith ar cheann de bhunriachtanais an tsaoil, dar liomsa. Ceann de na chéad rudaí a cheannaigh mé don árasán againne ná pota *espresso* beag a chuirtear ar bharr an tsoirn, ag ceapadh go bhfeabhsódh blas chaife an ollmhargaidh ar an gcaoi sin. Ach bhí dul amú orm. Ní raibh d'éifeacht ag an ngléas sin ach caife géar a dhéanamh níos géire. Má bhí caife maith uaim, bheadh orm é a lorg i dteach caife.

Thug an tóraíocht ar camchuairt timpeall na cathrach mé. Sa deireadh tháinig mé ar dhá áit a bhí maith go leor. Mar a tharla, b'oscailt súl a bhí sa dá áit seo dom. Ní mar gheall ar an gcaife féin, ach mar gheall ar an léargas a thug siad dom ar shochaí na Brasaíle i gcoitinne.

In Carmo, atá ar na ceantair is deise liomsa sa chathair ar fad, atá Cafélier suite, an chéad cheann den dá theach caife a d'aimsigh mé. Ceantar stairiúil sa *Cidade Alta* é Carmo, ach ní thaithíonn leath an oiread turasóirí agus díoltóirí sráide é agus a bhíonn in Pelourinho. An cnoc ard idir Pelourinho agus Carmo, atá ar na fánaí is géire sa chathair, is cúis leis sin.

Tá Cafélier féin suite i seanteach coilíneach ar bharr aill an *Cidade Alta*, rud a fhágann go bhfuil radharc aoibhinn agat ón mbalcóin ar Chuan na Naomh Uile, ar na hoileáin bheaga ina lár agus ar fhairsinge ghlas, dhorcha mhór-roinn Mheiriceá Theas ar an taobh thall.

Bailithcoir ealaíne é úinéir an chaife. Cuireann a chuid péinteálacha agus dealbh agus an troscán lámhdhéanta d'adhmad crua tropaiceach leis an atmaisféar maorga, ciúin, *fin de siècle*. Thiocfadh leat Jorge Amado, an scríbhneoir is mó cáil a tháinig as Bahia riamh, a shamhlú anseo go héasca: todóg i lámh amháin agus a pheann sa lámh eile, cupán caife te os a chomhair. Go deimhin d'fhág Amado líne filíochta ag úinéir an chaife agus chuir úinéir an chaife ar an mbiachlár í:

'Numa xícara de café pode-se colocar o sabor doce e amargo da vida.'
(Is féidir blas milis agus blas goirt an tsaoil a chur le chéile i gcupán caife).

Ach is é an rud is fearr faoin gcaife seo ar chnoc Carmo ná Jô, an bhean bheag ghorm a oibríonn sa chaife sé lá na seachtaine. Tá pearsa Jô níos mó ná an caife ina n-oibríonn sí: tá meangadh gáire Jô leathan, a cuid díograise agus a cuid fiosrachta gan teorainn. Tá scéal Nilton agus mé féin ar eolas aici lá ár gcéad chuairte.

Ach is ar Nilton atá mise ag breathnú le linn na chéad chuairte sin. Tá sé ag baint lán a dhá shúil as an gcaife, as an troscán ornáideach agus as na cineálacha éagsúla caife agus na milseáin mhealltacha atá ar an mbiachlár. Tá mé i mbun comhrá leis ach bheadh sé chomh maith agam labhairt leis an mballa, tá aird Nilton ar gach uile rud ach ormsa.

'Céard atá cearr leat?' arsa mise.

'Níl rud ar bith cearr, níl ann ach nach raibh mé in áit mar seo riamh.'

Níl mé in ann freagra ar bith a thabhairt toisc go dtuigim ar an toirt nach bhfuil léiriú níos géire ar an difear ollmhór atá idir cúlra Nilton agus mo chúlra féin. Tá Nilton cúig bliana is fiche d'aois agus níor sheas sé isteach i dteach caife riamh. Cé gur gnáthrud domsa €5 nó €6 in aghaidh an lae a chaitheamh ar chúpla cupán caife maith nuair a bhím san Eoraip, ní rithfeadh sé go brách le fear as bruachbhaile bocht sa Bhrasaíl airgead den chineál sin a chaitheamh ar rud chomh fánach le caife.

An tráthnóna sin, níos mó ná am ar bith eile, feicim Nilton ar an líne idir dhá shaol, agus briseann sé mo chroí. Tá sé i dteach caife atá mar dhlúthchuid den saol cultúrtha agus den stair ina chathair dhúchais, ach, cosúil le formhór na gcarachtar in úrscéalta Jorge Amado, ní chuirfeadh duine bocht, gorm, cos thar thairseach theach caife mar seo ach mar fhreastalaí. Cosúil le Jô.

Níl sé i bhfad ó bhain Jô an dá scór amach, ach ag breathnú uirthi agus í ag freastal ar na custaiméirí shílfeá gur sine í ná an troscán dorcha ornáideach agus na péinteálacha ar na ballaí. Níos mó ná uair amháin shamhlaigh mé go raibh Jô ann ar dtús agus gur tógadh an caife timpeall uirthi. Tá grástúlacht rúndiamhrach inti nach bhfuil ach ag mná gorma atá os cionn an dá scór agus tá saíocht uasal sna súile aici agus ina cuid cainte a tháinig anall thar na glúnta agus thar thonnta dorcha an Atlantaigh.

Oíche eile, agus mé sa Cafélier liom féin, tagann Jô chomh fada leis an mbord ag a bhfuil mé, go ciúin agus go grástúil, mar a bheadh bád seoil.

'Cá bhfuil do chara anocht?' a fhiafraíonn sí i nglór íseal, le nach gcloisfeadh na custaiméirí eile í. Tá Jô fiosrach, ach tá sí discréideach.

'San ollscoil,' a deirim.

'San ollscoil, a deir tú? Tá sé sin go hiontach.'

Suíonn sí síos ar an gcathaoir fholamh in aice liom. Labhraíonn sí i ndordghlór íseal, soiléir.

'Tá sé sin go hiontach, toisc nach bhfaigheann duine ar dhath s'againne deis dul chuig an ollscoil ach go hannamh.'

Bhí a fhios agam sin. Is é Nilton an chéad duine dá mhuintir, an chéad duine ón sráid sin, agus is dócha an chéad duine sa Loteamento, atá ag freastal ar oideachas tríú leibhéal. D'fhéadfá na daoine eile in Tancredo Neves atá ag freastal ar an ollscoil a chomhaireamh ar do mhéara. Easpa airgid agus easpa oideachais dara leibhéal an dá phríomhchonstaic, ar ndóigh. An t-aon chúis amháin ar éirigh le Nilton áit a bhaint amach i gceann d'ollscoileanna Salvador ná toisc gur éirigh leis deontas a fháil ón rialtas, deontas atá ar fáil do mhic léinn ardchumais. Dá dtitfeadh toradh meánach Nilton faoi bhun 80 faoin gcéad, chaillfeadh sé an deontas, nach n-íocann ach as na táillí ollscoile amháin. Caithfidh sé féin íoc as leabhair, turais staidéir agus costais taistil.

'Daoine cosúil le Nilton a thugann dóchas don phobal s'againne, an dtuigeann tú?'

Labhraíonn Jô go mall. Is léir nach bhfuil sí cinnte fós faoi mo chumas Portaingéilis Bahia a thuiscint agus tá sí ag iarraidh go mór go dtuigfidh mé í. Tá pointe tábhachtach le déanamh aici.

'Tá go leor leatroim á dhéanamh ar mhuintir dhath s'againne i gcónaí. Tá sé tábhachtach go bhfaigheann aos óg s'againne oideachas níos fearr, agus go n-éiríonn leo poist níos fearr a bhaint amach ina dhiaidh sin. Ansin, agus ansin amháin, a thosóidh rudaí ag athrú.'

Tá féachaint thar a bheith dáiríre i súile Jô anois.

'Le do thoil, lig do do chara a chéim a chríochnú agus ná tabhair leat go buan é go dtí an tír gurb as duit féin. Tá a leithéid siúd ag teastáil go róghéar anseo.'

Tá rud éigin curtha i bhfocail anois ag Jô a mhothaigh mé ón nóiméad ar chuir mé aithne ar Nilton an chéad lá riamh. Creidim go láidir san obair chúnaimh atá ar siúl ag rialtais agus ag eagraíochtaí carthanachta ón Iarthar i dtíortha atá ag forbairt, ach ní fiú tada an t-airgead ar fad a chaitear ar an gcabhair seo mura dtugtar oiliúint bhuan do mhuintir na dtíortha seo, sa chaoi is go bhfuil siad in ann cabhair agus aire a thabhairt dóibh féin.

Tá cónaí thar lear ar sciar scanrúil de na Brasaíligh a bhfuil cáilíocht tríú leibhéal bainte amach acu. Idirmhalartuithe ollscoile a thug ann iad agus níor fhill siad ar an mBrasaíl riamh. Tá an ceart ag Jô. Ba mhór an trua dá n-imeodh duine den fhíorbheagán daoine gorma le cáilíocht tríú leibhéal thar lear freisin. Tá ról i bhfad níos tábhachtaí le líonadh ag Nilton sa Bhrasaíl ná mar a d'fhéadfadh sé a líonadh thar lear, ag saothrú go leor airgid i mBaile Átha Cliath, i Londain nó in Amstardam. Ba chóir dó a bheith ina eiseamláir shóisialta, sampla atá á thabhairt aige cheana, nach mór i ngan fhios dó féin, d'aos óg an Loteamento. Ní dócha go mbeadh Tony chomh dírithe agus atá sé ar a chuid léinn murach sampla Nilton.

Tá an caife go maith tí Jô ach tá an caife is fearr ar fad in Salvador ar fáil san ionad siopadóireachta is gile sa chathair, Salvador Shopping. Ionad siopadóireachta mór millteach atá ann, ar cóimhéid le hionad siopadóireachta Dhún Droma i mBaile Átha Cliath. Is é Salvador Shopping an cruthúnas is fearr sa chathair go bhfuil dul chun cinn mór millteach á dhéanamh ag geilleagar na Brasaíle. Cé go bhfuil bruachbhaile bocht Pernambués díreach trasna an bhealaigh mhóir, tá fáil ar earraí Armani, Bang & Olufsen agus Tag Heuer taobh istigh. Ní hamháin sin, tá daoine ann lena gceannach. Daoine de shliocht Afra-Bhrasaíleach iad 80 faoin gcéad de dhaonra Salvador - daoine gorma. Ó tháinig mé chun cónaithe in Salvador is minic a rinne mé iontas cá mbíodh an 20 faoin gcéad eile. Ach a luaithe is a sheasaim isteach in Salvador Shopping tá an rúndiamhair sin réitithe. Is ionann doirse uathoibríocha an ionad siopadóireachta agus bealach isteach i saol eile: saol saibhir, aer-oiriúnaithe, geal.

Ach in ainneoin gurb é seo an t-aon áit sa chathair nach seasann mo chraiceann geal féin amach sa slua chomh mór sin, ní mhothaím ar mo chompord in Salvador Shopping. Tá mé féin agus Nilton ag ól caife i mbeár *espresso* den chéad scoth, áit gheal shnasta óna bhfuil radharc againn ar ghailearaithe an ionaid ar fad thíos fúinn. Tá an caife te, blasta, dubh agus láidir, díreach mar ba cheart dó a bheith, agus níl aon chaill ar an gcíste seacláide ach an oiread. Ach tá mothúchán aisteach i mo ghoile.

'Céard atá ort?' arsa Nilton tar éis dom fanacht i mo thost ar feadh tamaill fhada.

'Is tú an t-aon duine gorm san áit seo. Seachas na daoine atá ag glanadh.'

Níorbh é an rud ba dhioplamáidí a dúirt mé riamh ach tá ócáidí ann nár cheart fiacail a chur sa scéal.

Anois is é Nilton atá ina thost. Ní gá dó breathnú thart fiú amháin. Bhí sé tugtha faoi deara aige féin i bhfad sular oscail mé mo bhéal.

'Tá sé sin fíor,' a deir sé. 'Sin an chaoi a bhfuil sé. Ach ní chuireann sé as dom. Níl rud ar bith agam i gcoinne an ionad siopadóireachta seo; is breá liom teacht anseo fiú amháin. Tá a fhios agam go maith nach bhfuil mé in ann formhór dá bhfuil ar fáil anseo a cheannach ach ní chuirim an locht faoi sin ar an ionad siopadóireachta ná orthu siúd atá in ann íoc as na rudaí seo. Go deimhin tiocfaidh an lá nuair a bheidh mé in ann rudaí a cheannach anseo, toisc go bhfuil mé ag staidéar go crua. Go dtí sin beidh mé foighneach.'

Bhí an ceart ag Jorge Amado. Tá caife goirt ach is críonna an chaint a spreagann sé.

STAITISTIC EILE

Tá sé ina luí béal faoi i lár na sráide. Fear óg gan air ach bríste gearr samhraidh. Tá rud éigin faoi phatrún na rianta fola ar a dhroim a thugann le fios láithreach nach tionóisc bhóthair é seo. Ní féidir liom ceist a chur ar an slua atá bailithe timpeall ar an gcorp, toisc go bhfeicim an rud ar fad trí fhuinneog oscailte an bhus, ag taisteal ó lár na cathrach go Tancredo Neves.

Téann tiománaí an bhus ar aghaidh ar luas ard, dhá roth ar an gcosán. Leanann bean atá ina suí sa suíochán romham ar aghaidh ag líochán a cuid uachtar reoite agus í ag breathnú ar an radharc gruama ar an tsráid.

Bhí a fhios agam go bhfeicfinn a leithéid uair éigin le linn mo thréimhse sa favela, ach níor rith sé liom riamh go bhfeicfinn é i lár an lae. Seo an chéad uair dom.

An chéad uair a fheicim corp i bhforéigean na mbruachbhailte bochta.

An mhaidin dár gcionn, deimhníonn an nuachtán go raibh an ceart agam nár thionóisc bhóthair a bhí ann. Caitheadh an fear óg a chonaic mé sa droim agus é ag teacht amach as bus cathrach, i lár an tráthnóna, cúpla meandar sular dheifrigh an bus a raibh mé féin air thar an radharc gruama. D'éirigh leis an bhfear a mharaigh é na cosa a thabhairt leis.

Tuairiscítear sa nuachtán freisin nach raibh aithne ag aon duine ar an bhfear óg a maraíodh, agus nár éirigh leis na póilíní é a ainmniú ach an oiread.

Cuireann an eachtra seo ar mo shúile dom an luach beag a cuireadh ar bheatha an fhir óig seo a fuair bás gan léine ar a dhroim, gan a ainm ag duine ar bith. Fear ar dhóichí ná a mhalairt nach bhfiosróidh na póilíní a bhás a thuilleadh. Fear nár fhág d'oidhreacht ach staitistic. Dúnmharú eile díoltais i saol na ndrugaí.

Tharla an eachtra seo in Dois Leões, ceantar atá leathbhealach idir Tancredo Neves agus lár na cathrach, ceantar arb é an rud is suntasaí faoi ná an bóthar cheithre lána a ghearrann ina dhá leath é. Íoróineach go leor maraíodh an fear óg gan ainm céad slat ó phíosa ollmhór graifítí atá curtha ar bhalla coincréite mar leac cuimhneacháin ar ógánach eile darbh ainm Léo, a maraíodh i bhforéigean na ndrugaí ar an láthair sin. Ní féidir liom dul thar Dois Leões anois gan smaoineamh ar 'cheist na sábháilteachta', mar a thugann muintir na Brasaíle ar an gcogadh cathartha atá ag réabadh i gcathracha móra na tíre idir na póilíní agus na buíonta drugaí, agus idir na buíonta drugaí éagsúla féin.

Cogadh cathartha a thugaim air toisc go bhfaigheann an oiread daoine bás san fhoréigean seo gur cogadh cathartha é de réir shainmhíniú na Náisiún Aontaithe ar cad is cogadh cathartha ann: coimhlint atá teoranta do thír amháin, ina maraítear os cionn 1,000 duine in aghaidh na bliana.

Tarlaíonn 48,000 dúnmharú sa Bhrasaíl in aghaidh na bliana. Bíonn baint ag a bhformhór le foréigean drugaí. Go deimhin sáraíodh cloch mhíle bhrónach le linn na bliana 2008: tharla milliún dúnmharú sa Bhrasaíl in achar 30 bliain, ó 1978 i leith. Staitistic scanrúil. Ach an ceann is scanrúla ar fad: den mhilliún dúnmharú seo a tharla idir 1978 agus 2008, níor réitigh na póilíní ach 0.03 faoin gcéad.

Rún poiblí é go bhfuil baint dhíreach ag na póilíní féin le cuid mhór den fhoréigean marfach. Scríobhann Philip Alston (2008), údar thuarascáil ar dhúnmharuithe seachbhreithiúnacha (cásanna ina maraíonn póilíní daoine a cheaptar a bheith ina gcoiriúlaigh taobh amuigh den chóras dlí) i gcathair Rio de Janeiro, go maraíonn na póilíní triúr sa chathair sin gach lá. Is ionann sin agus duine as gach cúigear a mharaítear in Rio de Janeiro.

Tharraing an stiúrthóir scannáin José Padilha aird idirnáisiúnta ar an bhfíric ghránna seo lena scannán fuilteach *Tropa de Elite (The Elite Squad)* a bhuaigh an Béar Órga ag Féile Scannáin Beirlín i 2007.

Tamall gearr tar éis domsa corp an fhir óig úd in Dois Leões a fheiceáil, tá sé ina raic in Salvador ar fad. I lár mhí Eanáir, luaitear marú eile le póilíní na cathrach, an t-ealaíontóir sráide Ricardo Santos, in aois 21 bliain, le linn oibríochta póilíneachta. Fear neamhchiontach a bhí ann a tharla san áit mhícheart ag an am mícheart - agus a tharla a bheith gorm. Ní cás aonair é cás Ricardo Santos ach an oiread. Laistigh d'achar coicíse tar éis bhás an ealaíontóra sráide, tugann póilíní Salvador bás triúr fear eile le linn oibríochtaí póilíneachta. Bhí an triúr, iad uile sé bliana déag nó seacht mbliana déag d'aois, neamhchiontach agus gorm.

'Tá níos mó eagla orm roimh na póilíní na roimh na buíonta drugaí,' a deir Nilton. 'Tá an chuma fhisiciúil chéanna ormsa agus atá ar mhórchuid mangairí drugaí: is fear óg gorm mé. Tá eagla orm go bhféadfadh na póilíní a cheapadh gur duine eile mé agus go maróidís mé trí thimpiste. Ní chuireann siad ceisteanna sula scaoileann siad a gcuid urchar.

'Chomh maith leis sin, is lú an luach atá ar shaol an fhir óig ghoirm in Salvador ná an luach atá ar shaol an fhir óig ghil - fiú más rud é gurb é an fear óg geal seo a cheannaíonn drugaí agus a choinníonn an mhangaireacht drugaí ag imeacht,' a deir Nilton.

Léiríonn na tuairiscí sna nuachtáin go bhfuil an ceart ag Nilton. Bím ag léamh gach seachtain beo faoi fhir óga ghorma a mharaítear san fhoréigean. Ní fheicim oiread is duine geal amháin luaite sna tuairiscí faoi 'cheist na sábháilteachta'.

Míníonn sé seo an claochlú dochreidte a thagann ar Nilton san oíche. Tar éis a deich a chlog san oíche iompaíonn an fear spleodrach a bhíonn ag baint súp as an saol le mo thaobh ina bhuachaill beag eaglach má bhímid fós amuigh. Thart ar a leathuair tar éis a naoi éiríonn Nilton chomh corrthónach le Luaithrín cúpla nóiméad sula n-athraíonn an cóiste ina phuimcín.

Ní cóiste a bhíonn againne, ar ndóigh, ach bus. Is iomaí uair a chonaic mé Nilton ag crith agus muid ag fanacht ar bhus abhaile as Pelourinho, go mall san oíche. Bhí troid againn oíche amháin tar éis dúinn scannán a fheiceáil i bpictiúrlann Salvador Shopping. Ní raibh sé ach a leathuair tar éis a haon déag, am dúnta na bpubanna in Éirinn. Bhí mé tar éis íoc as an scannán cheana féin agus ní raibh fonn orm tacsaí a thógáil abhaile. Ní raibh rud ar bith faoi stad an bhus a chuir imní ormsa - bhí soilse ann agus bhí fear slándála le gunna ina shuí ag geata an ospidéil phríobháidigh cúpla méadar uainn - ach bhí Nilton ag samhlú gach drochrud faoin spéir. D'fhéadfadh robálaithe teacht ar ghluaisrothar chun muid a robáil. D'fhéadfadh robálaithe teacht isteach sa bhus agus gach duine ar an mbus a robáil. D'fhéadfadh bithiúnaigh muid a robáil ar an mbealach abhaile ó stad an bhus in Tancredo Neves, nó d'fhéadfadh póilíní a mhaíomh go raibh drugaí á n-iompar againn agus airgead a éileamh orainn.

'Tá daoine á marú ar mhaithe le 20 *reais* na laethanta seo, bíodh a fhios agat.'

Duine mé a théann sa seans ó am go chéile ach ní duine saonta mé. Tá cuid mhór taistil déanta agam le linn mo shaoil agus tá muinín agam as mo chuid instinní. Nílim ag rá gur cheap mé an oíche sin go raibh eolas níb fhearr agam ar Salvador ná mar a bhí ag Nilton faoina chathair dhúchais féin, ach ní raibh rud ar bith faoin oíche ná faoin áit ina rabhamar a chuirfeadh imní ar dhuine. Oíche álainn samhraidh a bhí ann, bhí foirgnimh arda an cheantair timpeall ar an ionad siopadóireachta báite i solas geal an tsaibhris agus bhí na mílte réalta sa spéir. Ach thosaigh Nilton ag caoineadh. Bhí sé in am tacsaí a stopadh.

Níor labhair Nilton liom ar chor ar bith ar an mbealach abhaile. Phléasc sé nuair a bhíomar san árasán.

'Is cuma sa sioc liom má bhíonn tú amuigh ar an tsráid i mBaile Átha Cliath, in Amstardam nó fiú i Nua-Eabhrac ag a dó nó a trí a chlog san oíche, ach ní dhéanann tú anseo é.'

Níor thógamar bus tar éis a deich a chlog san oíche ó shin.

Idir an dá linn, tá an chuma ar an scéal go bhfuil cúrsaí ar tí éirí gránna sa chathair mar gheall ar an gceathrar fear óg gorm neamhchiontach a mharaigh na póilíní. Tá fearg ar an bpobal i gcoitinne agus ar eagraíochtaí an phobail ghoirm ach go háirithe, a mhaíonn nach marófaí fear geal ar an gcaoi seo riamh. Ach is beag an meas atá ag na póilíní ar ghearáin an phobail. Le linn léirsiú pobail tar éis bhás Ricardo Santos, an t-ealaíontóir sráide, dhún slua léirseoirí ceann de na mótarbhealaí is tábhachtaí sa chathair mar agóid i gcoinne fhoréigean na bpóilíní. An lá dár gcionn thaispeáin grianghraf mór ar phríomhleathanach *A Tarde*, an nuachtán is mó díol in Bahia, duine de phríomhchigirí na bpóilíní ag bagairt a ghunna ar na léirseoirí.

Ina dhiaidh sin, ní féidir leis an bpolaitíocht ceannas na bpóilíní a chosaint a thuilleadh. Cuirtear ceannfort phóilíní Salvador as oifig. Maolaíonn na léirsithe pobail ach ní dhéanann an t-athrú sa cheannasaíocht tada chun réamhchlaontaí Nilton, a chairde is a ghaolta, i gcoinne an fhórsa phóilíneachta atá in ainm is a bheith á gcosaint, a laghdú.

Tá dhá rud a chuireann ionadh mór ormsa faoi 'cheist na sábháilteachta'.

An chéad rud ná an fhadhb a bheith folaithe cuid mhaith den am. Léim na tuairiscí sna nuachtáin, feicim ar an teilifís iad, cloisim scéalta ag Nilton agus a mhuintir - go háirithe ag Tiago, fear nach bhfuil plé díreach aige le mangaireacht drugaí é féin, ach atá cairdiúil le daoine atá gafa leis. Is iad na scéalta seo thar aon rud eile a chothaíonn cineál paranóia pobail atá ar gach duine, mé féin san áireamh. Bí cúramach, ná téigh isteach sa tsráid mhícheart, bí ar ais sa bhaile roimh a deich a chlog san oíche.

Ach má tá an foréigean chomh fairsing is a d'áiteodh an paranóia pobail ort, cá bhfuil sé? Cinnte, chonaic mé corp fir óig a caitheadh i lár an lae. Ach ba é sin an t-aon chorp - an t-aon fhianaise fhisiciúil ar an bhforéigean go deimhin - a chonaic mise le mo dhá shúil féin le linn mo thréimhse sa favela.

De réir staitisticí na bpóilíní is é Tancredo Neves an bruachbhaile is contúirtí sa chathair ar fad. Is ann atá an ráta dúnmharaithe is airde sa chathair le roinnt blianta. Le linn na leathbhliana a chaith mise i mo chónaí in Tancredo Neves maraíodh 137 duine sa cheantar, nó 16 faoin gcéad de na dúnmharuithe ar fad a tharla i gcathair Salvador. Le linn na tréimhse céanna gabhadh 84 duine maidir le mangaireacht drugaí in Tancredo Neves.

Chuala mé faoi roinnt den 137 dúnmharú a tharla, fad a bhí mise i mo chónaí in Tancredo Neves, nuair a tharla siad. Chuala mé faoi na coirp a fágadh sa Matadouro, faoi bheirt fhear a maraíodh i scliúchas sa bheár amach os comhair an árasáin, ach níor léir dom go raibh aon tionchar feiceálach ag na dúnmharuithe seo ar an saol laethúil san áit - seachas gur chuir siad le paranóia leanúnach an phobail.

Tar éis a raibh feicthe agam de thuairiscí nuachtáin - agus tar éis dom breathnú ar na scannáin *Cidade de Deus* agus *Tropa de Elite* ach go háirithe - bhí barúil agam go rachadh an foréigean i gcionn go follasach ar an saol laethúil. Go mbeadh cruinnithe nó fiú léirsithe pobail ann i gcoinne an fhoréigin. Go mbeadh seicphointí ag fir óga le gunnaí ar na bealaí isteach go dtí an Loteamento, mar shampla - nó a mhalairt, go mbeadh na póilíní le feiceáil sa cheantar i bhfad níos minice ná mar a bhí le linn an sé mhí a chaith mé in Tancredo Neves.

Ach ní hionann an fhírinne agus léiriú na scannán agus na dtuairiscí teilifíse agus nuachtán. Is ann don fhoréigean agus níl cúis ar bith agam a cheapadh go bhfuil na staitisticí scanrúla faoin bhforéigean i mbruachbhailte bochta na Brasaíle míchruinn. Ach is é mo thaithí phearsanta féin nach bhfágann eachtra foréigneach sa Bhrasaíl an rian céanna ar an bpobal is a d'fhágfadh sé san Eoraip. Ní toisc gur daoine gan mhothúcháin daonna iad muintir na mbruachbhailte bochta, ach toisc go bhfuil foréigean chomh coitianta ann go bhfuil barraíocht cleachta ag na daoine air.

'Tá cáil ar fud na Brasaíle ar mhuintir Bahia mar dhaoine gealgháireacha,' a deir Walba Machado, ealaíontóir agus urlabhraí pobail a bhfuil a cheardlann aige in Pelourinho. 'Ach is masc atá sa mheangadh gáire,' a deir Machado. 'Níl ach rud amháin a fheidhmíonn go maith sa chathair seo agus sin dlí an ghunna. Ligeann na daoine orthu féin nach bhfuil sé ag tarlú. Dá gcuimhneoidís ar an bhfírinne chuirfeadh sé as a meabhair iad.'

Cuimhním láithreach ar an mbean a bhí sa suíochán romham ar an mbus, ag líochán a cuid uachtair reoite agus í ag breathnú ar an bhfear óg a bhí ina luí béal faoi i locháinín dá chuid fola féin. Ní rabhamar ach gafa thairis nuair a chaith an bhean cipín adhmaid an uachtair reoite amach tríd an bhfuinneog oscailte, anuas ar shalachar na sráide.

Tá athrú tagtha ar chúrsaí ó bhog mé amach as Tancredo Neves. Ceithre mhí tar éis dom an favela a fhágáil tá méadú ollmhór tagtha ar na hoibríochtaí póilíneachta in Tancredo Neves mar bheart chun dul i ngleic leis an ráta ard coiriúlachta ann. Tá acmhainní breise curtha ar fáil do na póilíní: ag amanna áirithe glacann suas le 500 póilín armtha páirt i ruathair sa bhruachbhaile ag an aon am amháin anois. Bíonn eagla ar mhuintir na háite a dtithe a fhágáil nuair atá na ruathair seo á ndéanamh ag na póilíní, a bhíonn armtha le meaisínghunnaí agus a n-aghaidheanna folaithe le cochaill dhubha le nach n-aithneofaí iad.

Cothaíonn na cochaill dhubha ach go háirithe fearg i measc an phobail, ach tá cúis ag na póilíní a n-aghaidheanna a cheilt. Tá sé thar a bheith contúirteach a bheith i do phóilín in Salvador. Sa tréimhse a chaith mise i mo chónaí in Tancredo Neves, maraíodh ceathrar póilín déag ar fud Salvador. Ach níorbh é an líon ard an ghné ba shuntasaí. Níor

74

maraíodh ach duine amháin de na póilíní seo le linn uaireanta oibre. Dúnmharaíodh an trí dhuine dhéag eile ina gcuid ama saor, gar dá dtithe féin, os comhair an phobail: dúnmharuithe díoltais.

Is í an cheist ná an éireoidh le feachtas nua na bpóilíní Tancredo Neves a dhéanamh níos sábháilte, nó an gcothófar fáinne fí foréigin nach mbeidh éalú as.

NÍOCHÁN AN TSÉIPÉIL

An dara Déardaoin i mí Eanáir agus dúisítear muid ag glór garbh taobh amuigh d'fhuinneog an tseomra chodlata. Rose atá ann, gan dabht.

'Dúisígí! Ní bheidh uisce ar bith fágtha ag na *Baianas* daoibh!'

Breathnaím ar an gcloigín beag digiteach ar an urlár. Seachas an leaba chrua, níl aon troscán sa seomra againn. Tá sé a naoi a chlog ar maidin.

'Ná habair liom go raibh tú ann agus go bhfuil tú ar ais cheana féin,' a deir Nilton le Rose.

'Bhí, muise,' a deir sí. 'Níl mé chun an lá ar fad a chur amú sa trácht. Agus anuas air sin tá a fhios agaibh an chaoi a n-éiríonn an chathair contúirteach Lá Bonfim. B'fhearr daoibh deifir a dhéanamh, a bhuachaillí!'

Leis sin, imíonn Rose ón bhfuinneog agus tosaíonn sí ag crochadh éadaí ar an líne sa chlós oibre. Ní thógfaidh sé uair an chloig féin ar na héadaí fliucha triomú sa teas aisteach seo. Seo lár an tsamhraidh, tá na scoileanna agus ollscoil Nilton ar saoire agus tá na laethanta ó bhí an Nollaig agus an bhliain úr ann fite ina chéile i m'intinn mar a bheadh lá leisciúil fada amháin ann. In Salvador, ní thosaíonn an bhliain úr i gceart go dtí an dara Déardaoin mí Eanáir, Lá Bonfim.

Shíl mé nach bhféadfadh cúrsaí a bheith chomh dona agus a dúirt Rose, ach bhí dul amú orm. Nílimid ach tagtha chomh fada le duganna na cathrach nuair a fhógraíonn tiománaí an bhus nach bhfuil sé in ann tiomáint níos faide, tá an trácht chomh dona sin. Seasaimid amach as an mbus. Nílimid ach leathbhealach idir Tancredo Neves agus séipéal Bonfim, áit a bhfuil na céadta míle duine ag triall inniu, ar thóir bhraoinín d'uisce beannaithe na *Baianas* agus *fita* de chuid Tiarna Bonfim. Ribíní d'éadach daite a chuirtear ar chaol do láimhe iad na *fitas*, a bhfuil na focail '*Lembrança do Senhor do Bonfim* - Bahia' scríofa orthu. 'I gcuimhne ar Thiarna Bonfim - Bahia'.

Tá na céadta díoltóirí sráide - fir agus mná, sean agus óg - ag iarraidh na *fitas* a dhíol leis an slua atá ag plódú na sráideanna. *Real* amháin (€0.30) atá ar ghlac *fitas* de ghnáth ach tá díoltóirí ann a ghearrann *Real* ar *fita* amháin - go háirithe ar na cinn bhána agus ghealghorma, dathanna Thiarna Bonfim.

D'fhéadfá a mhaitheamh don té a cheapfadh gur féile Chaitliceach atá anseo, lá pátrúin do Naomh a bhfuil tóir as cuimse air sa tír seo, an tír leis an daonra Caitliceach is mó ar domhan. Shamhlódh duine sin toisc go bhfuil gach uile iarracht déanta ag lucht ceiliúrtha na féile seo screamh Chaitliceach a bhualadh ar a bhfuil ar siúl, ó cuireadh tús leis an traidisiún seo breis is trí chéad bliain ó shin. Ní féile Chaitliceach í seo ar chor ar bith, áfach, ach ceann de na féiltí is tábhachtaí i bhféilire ollmhór an *Candomblé*, an creideamh is mó in Salvador; creideamh a raibh cosc air go dtí 1975.

Is é atá sa *Candomblé* meascán de chreidimh éagsúla a tháinig anall as an Afraic i gcuideachta na ndaoine gorma a tugadh go dtí an Bhrasaíl mar sclábhaithe. Ar feadh breis agus ceithre chéad bliain thug pobal an chreidimh seo ómós dá ndéithe féin - na *Orixás* - faoi rún, ag ligean orthu féin gur ag adhradh naomh Caitliceach a gcuid máistrí

Portaingéalacha agus Brasaíleacha a bhí siad. In ainneoin ghéarleanúint na hEaglaise Caitlicí, rialtas coilíneach na bPortaingéalach agus rialtas neamhspleách na Brasaíle ina dhiaidh sin, mhair an creideamh dúchasach gorm seo in Salvador.

Fiú sa lá atá inniu ann déantar leatrom ar phobal an *Candomblé*, rud atá aisteach má chuimhníonn tú go bhfuil os cionn trí mhíle *terreiro* - teampaill - de chuid an chreidimh seo i gcathair Salvador. Is le Bruno, deartháir Nilton, ceann amháin acu. *Pai-de-Santo*, nó sagart de chuid an *Candomblé*, is ea Bruno, agus tá a *terreiro* lonnaithe sa teach inar tháinig sé féin, Nilton agus Tiago ar an saol, sa *Cidade Baixa*. Tá sé i gceist againn casadh le Bruno ar chéimeanna shéipéal Bonfim inniu.

Ní bhíonn cead ag lucht leanta an *Candomblé* suaitheantas ar bith a chaitheamh san ionad oibre a thabharfadh le fios go mbaineann siad leis an gcreideamh sin - cé go bhfuil lánchead ag oibrí Caitliceach crois a chaitheamh timpeall ar a mhuineál, nó ina chluasa. Eisceacht atá sna *fitas*, agus sin an fáth go bhfuil tóir chomh mór sin orthu. Cinntíonn na focail '*Lembrança do Senhor do Bonfim*' go bhfuil blas deas, glan, Caitliceach, orthu.

I dtraidisiún Caitliceach na Brasaíle is ainm eile ar Íosa Críost atá sa leagan '*Senhor do Bonfim*'. Ach i dtraidisiún an *Candomblé*, inar cuireadh na déithe Afracacha i bhfolach taobh thiar de Naoimh na hEaglaise Caitlicí, is ionann Íosa Críost - agus dá bhrí sin Tiarna Bonfim - agus an *Orixá* cumhachtach Oxalá.

Leanann Nilton agus mé féin an slua i dtreo shéipéal Bonfim, atá i bhfad amach os ár gcomhair ar chnoc ard. Déanta na fírinne tá dhá shlua ann: slua amháin ag triall ar an séipéal agus ceann eile, lucht an mhochóirí, ag filleadh. Nílimid chomh mall sin: is mó an dream atá ag triall ar an séipéal ná an dream atá ag filleadh.

Ní ag siúl atá mórchuid na ndaoine, dála an scéil. Ag damhsa an *samba* i dtreo an tséipéil atá siad, a gcosa ag bogadh le rithimí tréana na gcarranna fuaime atá ag tionlacan na hoilithreachta. '*Quém tem fé vai em pé*' a fhógraíonn na T-léinte bána atá á gcaitheamh ag go leor daoine. 'An té a bhfuil creideamh aige, téann sé de shiúl na gcos.'

I ndáiríre, níl mé féin agus Nilton ag déanamh na hoilithreachta seo i gceart ar chor ar bith. Níor thosaíomar ag séipéal Nossa Senhora da Conceição (séipéal Mhuire gan Smál do na Caitlicigh; teampall de chuid Oxúm, *Orixá* an Fhíoruisce, do phobal an *Candomblê*), ocht gciliméadar soir ó shéipéal Bonfim. Bí cinnte gurbh ann a thosaigh lucht na T-léinte bána.

Níl mé go maith ag comhaireamh daoine, ach déarfainn go bhfuil ar a laghad leathmhilliún duine bailithe le chéile anseo i gceantar Bonfim. Tá gach duine anseo - chun féachaint, agus chun a bheith feicthe. Fiú grúpaí nach mbeifeá ag súil leo ar oilithreacht, b'fhéidir. Feicim bratach thuar ceatha an phobail aeraigh go hard sa spéir os ár gcomhair. Achar gearr rompu amach, tá bratach de chuid Pháirtí Chumannach na Brasaíle ar foluain. Go deimhin tá gach polaiteoir beo sa chathair - agus roinnt mhaith polaiteoirí náisiúnta - anseo ag pocléim os comhair na gceamaraí, ag iarraidh an ceann is fearr a fháil ar a chéile ar pháirc chatha na cráifeachta. Nuair atá reiligiún agus polaitíocht i gceist, tá an Bhrasaíl thar a bheith cosúil leis na Stáit Aontaithe. Polaiteoir náisiúnta amháin atá i láthair ná an tAire Cultúir agus Ealaíon, Gilberto Gil, a bhfuil cáil idirnáisiúnta air mar amhránaí. Rugadh Gil in Salvador agus is duine de lucht leanta an *Candomblé* é.

Dá chóngaraí a dhruidimid leis an séipéal is ea is airde an gleo agus is marfaí an brothall. Tá an bóthar a théann suas cnoc Bonfim chomh dubh le daoine go bhfuil sé nach mór dódhéanta siúl: brúnn an slua in aghaidh an aird muid.

'Cén chaoi faoin spéir a n-aimseoimid Bruno anseo?' a bhéicim isteach i gcluas Nilton.

'Dúirt sé go mbeadh sé éasca teacht air,' a deir Nilton. 'Dúirt sé go mbeadh a chuid éadaí traidisiúnta air.'

Ach tá níos mó ná trí mhíle *terreiro* in Salvador, a bhfuil *Pai-de-Santo* (nó *Mãe-de-Santo* sa chás gur bansagart atá i gceist) ag gach uile cheann acu. Seans go bhfuil gach duine den trí mhíle anseo agus a gcuid éadaí traidisiúnta orthu. Tá an chuma air nach mbeidh sé chomh héasca sin deartháir Nilton a aimsiú, gan trácht ar an slua atá dár mbrú go barr an chnoic, gan smacht dá laghad againn féin ar an treo ina bhfuilimid ag dul.

Go tobann, táimid ag barr an chnoic. Ní rabhamar chun *fitas* a cheannach - ní thaitníonn le Nilton an chaoi a n-úsáideann daoine áirithe in Salvador na braisléid mar chomharthaí béalchráifeacha - ach anseo ar bharr an chnoic níl rogha againn. Anseo atá na díoltóirí sráide is cliste agus is mó taithí dá bhfuil ann, agus sula dtuigimid féin céard atá ag tarlú, tá glac an duine de na ribíní daite ceannaithe againn. Déanaimid gáire. Mura ndéanann sé sochar, ní dhéanfaidh sé dochar ar bith.

Ansin, beagnach gan choinne, tá an séipéal féin os ár gcomhair. Tá na céadta míle *fitas* ag luascadh go spleodrach faoin ngaoth, iad ceangailte ar na ráillí iarainn timpeall ar an séipéal ag na hoilithrigh. Trí shnaidhm, trí iarratas. Taobh thiar de na ráillí tá thart ar dhá chéad

Túr spéire lár chathair Salvador os cionn an chuain

Buidéil le hola dendê ar crochadh ag seastán margaidh

'Beirú' ar na busanna an athuair - seanainm Tancredo Neves

Tancredo Neves: na cnoic breac le tithe féin-tógtha

Anjo Mau: croílár Tancredo Neves. Tá ionad aclaíochta Cláudio san fhoirgneamh ar dheis, ar an tríú hurlár

A gcuid logainmneacha féin ag muintir na háite

Torthaí á ndíol ar an tsráid in Anjo Mau

Radharc ar Shráid Mhuintir Reis in Loteamento Alto da Bela Vista

Is é an teach bán trí stór teach mhuintir Reis

*Saothraíonn Naná Nascimento de Souza (49),
máthair Nilton, a cuid ag cócaireacht*

Cé hé an duine is gile sa teach? Nilton agus Alex ar chlé; Tony agus Analine ar dheis.

Teastas Ardteiste anois ag Tony (19) agus a mháthair Neuza (45)

Cafélier ar chnoc Carmo: teach caife agus teach sóláis

I sráidíní cúnga mar seo in Tancredo Neves a tharlaíonn an mhangaireacht drugaí

Is é an teach bán trí stór teach mhuintir Reis

Saothraíonn Naná Nascimento de Souza (49), máthair Nilton, a cuid ag cócaireacht

Cé hé an duine is gile sa teach? Nilton agus Alex ar chlé; Tony agus Analine ar dheis.

Teastas Ardteiste anois ag Tony (19) agus a mháthair Neuza (45)

Cafélier ar chnoc Carmo: teach caife agus teach sóláis

I sráidíní cúnga mar seo in Tancredo Neves a tharlaíonn an mhangaireacht drugaí

Dealbha Orixás i Loch Tororo i lár na cathrach. Tá na Orixás uileláithreach in Salvador

Ribíní Bonfim ar díol: ar nós seamróige agus Guinness in Éirinn

Póilíní ar dualgas le linn an charnabhail

Laethanta deireanacha Francisco Evangelista da Hora mar cheannródaí athchúrsála

Francisco Evangelista da Hora i mbun oibre. 'Tá creideamh láidir agam. Sin an rud a choinníonn ag imeacht mé.'

A Voz do Alto: Craobhscaoiltear teachtaireacht Dé trí 31 challaire crochta ar fud an favela

Comhartha an Igreja Universal - damáiste a léiríonn a chonspóidí is atá an Eaglais shoiscéalaíoch seo sa Bhrasaíl

Alex ag scannánú searmanais in terreiro Bruno

Bruno ina shuí ar a thrón sa terreiro

Naná ag an margadh ag ceannach ocra

Sé mhí ar thóir rún an tsonais i mbruachbhaile bocht

Tony ag bun an rua sa Loteamento. 'Níor mhaith liom cónaí in áit ar bith eile. Anseo atá mo bhaile.'

Naná os comhair a tí - sonas aimsithe aici i mbruachbhaile bocht

Baianas, mná gléasta in éadaí traidisiúnta bána an *Candomblé,* turbain bhána ar a gcloigeann. Tá crúsca mór le huisce agus bláthanna ag gach duine acu. Tá céimeanna an tséipéil nite ag na *Baianas* le huisce as na crúscaí céanna níos luaithe ar maidin; tá a bhfuil fágtha á chaitheamh thar na hoilithrigh anois. Ach tá doirse an tséipéil féin dúnta - mar a bhí na céadta bliain ó shin, nuair a thosaigh an traidisiún seo.

Ní bhíodh cead ag na daoine gorma a tugadh go dtí an Bhrasaíl mar sclábhaithe a ndéithe féin a adhradh. Go deimhin, rinne na Portaingéalaigh gach uile iarracht chun creidimh na nAfracach a scrios. Mheasc úinéirí na bplandálacha Afracacha ó réigiúin éagsúla ó dhúchas d'aon ghnó, ionas nach mbeadh na sclábhaithe in ann a chéile a thuiscint agus nach mbeadh de mheán cumarsáide eatarthu ach an Phortaingéilis. Ar an gcaoi chéanna, bhí súil ag na coilínigh go bhfaigheadh creidimh éagsúla na nAfracach bás. Bhí réimeas gobharnóireachta na Brasaíle i bpóca na hEaglaise Caitlicí, a bhí uilechumhachtach san impireacht Phortaingéalach ag an am.

'Is mithid dúinn a rá gur ghlac gach ceann de na heaglaisí Críostaí ón Eoraip páirt sna gníomhartha foréigneacha i gcoinne na nAfracach ach gurbh í an Eaglais Chaitliceach a chuir tús leis na gníomhartha seo,' a scríobhann an tOllamh Henrique Cunha Jr. ó Ollscoil Ceará, duine de na húdair is aitheanta maidir le ré na sclábhaíochta sa Bhrasaíl, san iris acadúil *Revista Espaço Acadêmico* (Feabhra 2007).

'Chuir eaglaisí Críostaí éagsúla téacs an Bhíobla as a riocht chun a seasamh féin maidir le sclábhaíocht na nAfracach a chosaint. Bhí argóintí na n-eaglaisí Críostaí bunaithe ar théacsanna as an mBíobla a léirigh nach raibh anam ag an duine gorm nó gurb í cinniúint an chine ghoirm a bheith ina sclábhaithe,' a scríobhann an tOllamh Henrique Cunha Jr.

Ar ndóigh, níorbh in le rá nach bhféadfaí na hAfracaigh a chur ag tógáil séipéal agus mainistreach go dtí go bhfuair siad bás den chruatan. In ainneoin na tuairime nach raibh anam sa duine gorm, níor bhac sé sin ar an Eaglais Chaitliceach airgead a ghnóthú as an sclábhaíocht: an brabús a rinneadh ar gach uile Afracach a tugadh go dtí an Bhrasaíl mar sclábhaí, íocadh céatadán áirithe de sin leis an Eaglais Chaitliceach agus le teaghlach ríoga na Portaingéile, mar cháin speisialta.

Ach le linn an tseachtú haois déag tháinig athrú ar an tuairim nach raibh anam sa duine gorm. A luaithe is a shocraigh an Róimh go raibh, thosaigh an Eaglais Chaitliceach sa Bhrasaíl ag tabhairt an tsoiscéil do dhaoine gorma. Ní hamháin sin, ach baisteadh in aghaidh a dtola iad.

Spreag sé sin ceist eile. An bhféadfaí ligean do dhaoine gorma Dia a adhradh sa láthair chéanna inar adhraigh daoine geala É? Thángthas ar réiteach. D'fhéadfaí sclábhaithe a chur ag obair ag tógáil, agus ag ní séipéal, ach ní bheadh cead acu Dia a adhradh iontu. Mar chúiteamh air seo thug an Eaglais Chaitliceach cead don phobal gorm séipéal amháin dá gcuid féin a thógáil: Igreja Nossa Senhora do Rosário dos Pretos i lár an *Cidade Alta*.

Bhí séipéal Bonfim ar cheann de na séipéil a mbíodh ar sclábhaithe é a ní. Ach in ionad glacadh leis mar mhasla, thóg na hAfracaigh cultas dá gcuid féin timpeall ar an níochán bliantúil. Bhí an séipéal á ní, ceart go leor, ach ní teach pobail de chuid an chine ghil a bhí sa séipéal do na daoine gorma a thuilleadh ach teampall de chuid Oxalá, *Orixá* na glaineachta agus an chirt.

Ar ndóigh níl sclábhaithe ann a thuilleadh agus tá cead isteach ag cách i séipéal Bonfim. Ach inniu, Lá Bonfim, tá doirse an tséipéil dúnta. Is go rímhaith a thuigeann an Eaglais Chaitliceach nach ar mhaithe léi atá an slua ina sheasamh taobh amuigh, ach ar mhaithe le Oxalá.

TEMS ON ISSUE
OR Mr. Paul Donnelly
N 08/07/10 15:42:42

CPL0000255565
obbs Michael
eluctant hero
sued 08/07/10 15:41:52
enewed 08/07/10 15:42:39
      Count 1
ue   29/07/10

CPL0000089120
obbs Michael
dge of madness
sued 22/06/10 13:05:33
enewed 08/07/10 15:42:38
      Count 1
ue   29/07/10

CPL0000245788
ijmans Alex
avela
sued 08/07/10 15:41:59
enewed 08/07/10 15:42:39
      Count 1
ue   29/07/10

Níor tháinig mé féin agus Nilton le cuspóir ar leith, ach anseo ag geata iarainn an tséipéil a bhfuil na céadta míle *fitas* ceangailte leis, ní fhéadfaimis gan *fita* dár gcuid féin a cheangal leis na barraí iarainn. Trí shnaidhm, trí iarratas an duine. Tá na *fitas* againn ag damhsa taobh le taobh sa ghaoth. Tugaimid póg dá chéile agus cúpla soicind ina dhiaidh sin ligeann an slua timpeall orainn liú: tá duine de na *Baianas* taobh thiar den gheata ag réiteach crúsca den uisce cumhraithe le doirteadh anuas orainn ar fad. Ligeann an slua liú ard eile.

Tá na daoine taobh thiar dínn ag iarraidh teacht chomh fada leis an ngeata agus druidimid i leataobh. Tá ocras agus tart orainn. Ar ámharaí an tsaoil tá seastán ar sheastán le taobh an tséipéil, ag díol *acarajé*, feoil rósta, uisce agus - ach go háirithe - beoir.

Le blianta beaga anuas tá Lá Bonfim ag iompú amach ina oilithreacht ólacháin, a deir Nilton. Dá bhrí sin, tá daoine ann nach dtéann chuig an bhféile a thuilleadh, agus nuair a chuireann Nilton glao ar ghuthán póca a dhearthár le fáil amach cá bhfuil sé, insíonn Bruno dó gurb é sin an cinneadh atá déanta aige féin i mbliana.

'Dúirt sé go dtugann sé ómós d'Oxalá gach uile Aoine agus gur fearr leis bualadh linn lá éigin eile,' a deir Nilton.

Ceannaímid *acarajé* agus buidéal uisce an duine agus tosaímid ar an aistear abhaile. Téimid an bealach fada an uair seo, ag siúl trí cheantar na nduganna chun an slua, a bhfuil braon faoin bhfiacail ann faoin am seo, a sheachaint. Bainimid Tancredo Neves amach agus an ghrian ag dul faoi.

RIBÍN

Ní ar Lá Bonfim amháin a bhíonn *fitas* ar foluain ar fud na háite in Salvador. Tá *fitas* Thiarna Bonfim chomh flúirseach agus atá an tseamróg in Éirinn: tá fáinní eochrach, tuáillí, gúnaí, málaí agus éadaí snámha ar fáil atá déanta as *fitas* nó mar aithris orthu. Agus ar ndóigh ceanglaítear na mílte acu de lámha turasóirí. 'Bronntanas' a deir na díoltóirí sráide féin a bhíonn i gceist, ach bíonn siad ag súil le cúiteamh éigin ar an bpribhléid a thugann *fita* do dhuine trí iarratas a dhéanamh ar Thiarna Bonfim. Ní imíonn na díoltóirí uait go dtí go dtugann tú rud éigin dóibh.

Tharla go raibh mé féin in Salvador mar thurasóir bliain sular casadh Nilton orm ar chor ar bith. Bhí mé sa Bhrasaíl le freastal ar bhainis Raul, duine de na teagascóirí i gcumann Capoeira na Gaillimhe. Ealaín troda as an mBrasaíl - as Salvador féin, go deimhin - é Capoeira. Thíos i gcathair bheag in íochtar na Brasaíle a bhí an bhainis, ach shocraigh mé cuairt a thabhairt ar an gcathair as a dtáinig Capoeira, spórt a bhí á chleachtadh agam ceithre lá sa tseachtain ag an am. Tá cathair Salvador, Capoeira, an *Candomblé* agus na *fitas* fite fuaite ina chéile. Ach an oiread le cead chleachtadh creidimh, ní bhíodh cead ag na hAfracaigh a tugadh go dtí an Bhrasaíl mar sclábhaithe dul i mbun troda, ar eagla go bhféadfaidís iad féin a chosaint, nó éirí amach.

Chun teacht timpeall ar an gcosc seo chuir na hAfra-Bhrasaíligh cuma an damhsa ar ealaín na troda a bhí á forbairt acu. Go dtí an lá atá inniu ann cleachtaítear Capoeira laistigh de chiorcal nó fáinne daoine a chasann amhráin agus a bhuaileann amach rithimí lena lámha agus le drumaí.

Tagann Capoeira agus an *Candomblé* as an bhfoinse chultúrtha chéanna. Tá na hamhráin a chastar le linn na gcluichí Capoeira lán de thagairtí don *Candomblé* agus ba ar an gcaoi seo a tharraing an *Candomblé* m'aird an chéad lá riamh. Ní mar chreideamh a d'fhéadfainn féin a leanúint - tá amhras orm faoi reiligiún eagraithe agus ní bheinn féin i mo bhall de chreideamh ar bith - ach mar fheiniméan cultúrtha.

Ach le linn an chúpla lá a chaith mé in Salvador roimh bhainis mo chara Raul, tharla rud éigin a chuir ag smaoineamh mé faoin draíocht a shamhlaíonn lucht leanta an *Candomblé* leis na *fitas*.

Bhí mé ag siúl ar chearnóg Pelourinho i lár na seanchathrach nuair a tháinig díoltóir *fitas* fad liom, ag croitheadh ceann de na ribíní daite os comhair mo shúl.

'Cuimhneachán ar Thiarna Bonfim!' a scairt sé liom. 'Bronntanas!'

Fear sna tríochaidí a bhí ann nárbh é a ghlaineacht phearsanta a bhua ba láidre. Ar nós go leor de lucht díolta na *fitas* ba léir ar a shúile go raibh sé gafa le drugaí.

Bhí mé ag iarraidh cuimhneamh ar bhealach le cur in iúl dó i bPortaingéilis cá háit a bhféadfadh sé a 'bhronntanas' a chur nuair a d'athraigh mé m'intinn. Rith sé liom mé nach raibh bealach ab fhearr ann chun lucht díolta na *fitas* a choinneáil i bhfad uaim: glacadh le ceann de na 'bronntanais' agus a bheith réidh leis. Is annamh a chaitheann duine níos mó ná ribín amháin sa turas. Agus ba chuma liom an *fita* féin. Mura ndéanfadh an ribín sochar, ní dhéanfadh sé dochar. Ach dúirt mé liom féin mé nach dtabharfainn airgead don díoltóir.

'Go raibh maith agat,' a dúirt mé.

Bhreathnaigh an fear orm. Cé go raibh cuma na ndrugaí ar a shúile féin bhí sollúntacht éigin iontu.

'Tá mé chun é a cheangal le caol do láimhe le trí shnaidhm. Le gach uile shnaidhm, is féidir leat achainí a dhéanamh.'

Chuir sé an ribín - ceann dúghorm - ar chaol mo láimhe clé. Chuir sé an chéad snaidhm ann, agus bhreathnaigh sé orm, féachaint an raibh m'achainí déanta agam. Nuair a chonaic sé go raibh, chuir sé an dara snaidhm, agus ina dhiaidh sin, an tríú ceann.

Ansin, sheas sé ag féachaint ar mo phócaí. Seo an tráth ag a gcaithfidh an té a ghlacann leis an *fita* díol as an 'mbronntanas'.

'Níl mé chun airgead a thabhairt duit ach ceannóidh mé bia duit,' a dúirt mé.

'Ceart go leor.'

Lean mé isteach i siopa é, áit ar cheannaigh mé luach 12 *reais* (thart ar €4) d'earraí grosaera dó, i bhfad níos mó ná luach an *real* nó dhó a thugann turasóirí do dhíoltóirí *fitas* go hiondúil.

'Ná déan dearmad nach bhfuil cead agat an *fita* a bhaint de do lámh tú féin, tugann sé sin mí-ádh! Nuair atá na trí achainí deonaithe, titfidh an *fita* ó do lámh as a stuaim féin,' a dúirt an díoltóir agus é ag fágáil slán agam. 'Agus ná habair le haon duine cad iad na hachainíocha a rinne tú.'

Bhí mé iontach sásta liom féin, go dtí go ndúirt duine den lucht freastail san óstán ina raibh mé ag fanacht gur dócha go raibh an bia a bhí ceannaithe agamsa don fhear díolta ar ais le fear an tsiopa aige a luaithe is a bhí mé imithe as radharc.

'Ar tusa nó eisean a roghnaigh an siopa?' a d'fhiafraigh fear an óstáin.

'Eisean.'

'Tá 10 *reais* ina phóca anois aige mar sin, agus 2 *reais* ag fear an tsiopa.'

Ar aon chuma, bhí ribín de chuid Tiarna Bonfim ar chaol mo láimhe. D'oibrigh sé láithreach: níor tháinig díoltóir ribíní ar bith eile in aice liom. Ach bhí fórsaí ag obair ar leibhéal eile freisin.

Creideann muintir Bahia nach dtiteann an *fita* de chaol do láimhe go dtí go bhfíoraítear na trí achainí. Go hiondúil tógann sé na blianta ar an aimsir agus gluaiseachtaí do choirp éadach an ribín a ídiú. Caithfear a bheith foighneach.

Ní gá a rá go raibh ionadh orm nuair a bhí an *fita* imithe ó chaol mo láimhe laistigh de cheithre lá - sular bhain mé bainis Raul amach, fiú amháin. Ach níorbh shin é an rud ab aistí: níor thug mé faoi deara gur thit an ribín uaim in aon chor. Ní b'aistí fós: ní raibh radharc ar an ribín in áit ar bith.

Ag an bpointe gur thug mé faoi deara go raibh an *fita* imithe, bhí dhá cheann de na trí achainí a bhí déanta agam tugtha i gcrích. Iarratais réasúnta simplí a bhí sa dá iarratas seo nach raibh ródheacair le fíorú. Ach ní raibh bealach ar bith go bhféadfadh an tríú hachainí a bheith fíoraithe. Ní féidir liom a rá céard go díreach a bhí ann ach deirimis gur iarratas ollmhór a bhí ann a raibh fórsaí an mhargaidh tithíochta i gceist leis - in Éirinn.

Bhí teipthe ar an *fita* mar sin, a cheap mé. Níor smaoinigh mé faoi a thuilleadh toisc go raibh mé imithe as Salvador agus nach raibh an ribín uaim a thuilleadh mar chosaint i gcoinne dhíoltóirí díograiseacha sráide. Go dtí gur fhill mé ar Éirinn tar éis bhainis mo chara agus go bhfuair mé scéal go raibh an tríú hachainí fíoraithe. Nuair a d'fhiosraigh mé leis an gceantálaí tí cén lá go díreach a rinneadh an margadh a raibh súil agam leis, ba bheag nár thit mé as mo sheasamh. Ar an lá ceanann céanna gur thug mé faoi deara go raibh an *fita* imithe ó chaol mo láimhe a rinneadh an margadh úd.

Tharla an méid seo beagnach biain sular casadh Nilton orm den chéad uair. Ach ó d'fhill mé ar Salvador, tharla eachtraí eile a léirigh dom go bhfuil a cuid rialacha meitifisiciúla féin ag an mBrasaíl, agus go mbaineann na rialacha sin le cuairteoirí chomh maith le muintir na háite.

Nuair a bhí mé i mo tholgshurfálaí ar urlár Nilton, luaigh mé leis go raibh suim agam níos mó a fháil amach faoin gcreideamh *Candomblé* fad a bhí mé in Salvador.

'Fadhb ar bith,' a dúirt Nilton. '*Pai-de-Santo* é mo dheartháir.'

Toisc go raibh ar Nilton dul ag obair i rith an lae, socraíodh go rachainn féin agus Mikael, an tolgshurfálaí as an tSualainn a bhí ag fanacht ar an urlár i seomra Nilton sa tréimhse chéanna, ar cuairt chuig Bruno ina *terreiro*.

A dó a chlog tráthnóna a bhí ann nuair a bhain mé féin agus Mikael ceann scríbe amach, an t-am sin den lá nuair a luíonn an brothall ar an gcathair ina bhrat trom agus nuair nach gcorraíonn aon duine mura bhfuil géarghá leis. Agus níl áit ar bith sa chathair a mbíonn an teas chomh marbhánta ann agus atá sa chuid sin den *Cidade Baixa* ar a dtugtar Uruguai, áit a bhfuil *terreiro* Bruno.

Tá clú níos fearr ar Uruguai mar cheantar ná mar atá ar Tancredo Neves, ach bíonn teannas san aer ann nár mhothaigh mé riamh sa favela. Ceantar é atá ag imeacht le fána, ó thaobh stádais de, le deich mbliana anuas nó mar sin. Agus muid ag siúl chomh fada le *terreiro* Bruno mhothaigh mé súile folaithe i bhfuinneoga dorcha dár n-iniúchadh.

Gnáth-theach cónaithe é *terreiro* Bruno, teach i lár rae de thithe féin-tógtha trí stór ar airde. Ag breathnú air ón taobh amuigh ní bheadh a fhios ag duine gur teampall reiligiúnda atá ann, mura luífeadh a shúil ar dhealbh bheag déanta de spící tanaí d'iarann dubh ar thaobh amháin den doras oscailte, ceann de shiombailí *Exú*, nó ar phlanda mór le duillleoga fada géara ar a dtugtar 'Claíomh Ogum', ar an taobh eile den doras. Is é *Exú* teachtaire na *Orixá*s agus is é Ogum *Orixá* an chogaidh. Is iad an bheirt seo gardaí an *terreiro*.

Bhí sé ciúin sa teampall. Bhí Bruno ag fanacht orainn thuas staighre. Ba é seo a chuid ama saor, ba léir: bhí bríste gearr bándearg agus léine ghorm gan mhuinchillí á chaitheamh aige. Bhí trilseáin fhada de ghruaig bhréige fite isteach ina chuid gruaige féin.

Ní raibh cuma an cheannaire reiligiúnda ar Bruno ina chuid éadaí spóirt, ach dá ndúnfá do shúile bheadh a fhios agat ar an toirt. Tá dordghlór domhain, láidir ag Bruno a chuir ballaí an tí ag crith nuair a bhéic sé ainm duine in ard a chinn.

Tar éis tamaill ghearr, tháinig duine de na mná ba lú agus ba thanaí dá bhfaca mé riamh amach as seomra codlata. Bhí sí thart ar fiche bliain d'aois agus bhí a cuid gruaige bearrtha go hiomlán dá cloigeann. Bhí sí gléasta in éadaí bána; léine agus bríste fada. Bhí na héadaí rómhór di agus bhí tamall ann ó níodh iad.

Chaith an cailín í féin ar an urlár ag cosa Bruno, d'éirigh sí agus phóg a lámh, é seo uile i ngluaiseacht sciobtha amháin a bhí déanta míle uair cheana aici. *Abiā* a bhí sa chailín, ball sóisearach den *terreiro*, a bhí ina cónaí sa *terreiro* ar feadh tréimhse chun réiteach dá 'teacht amach' mar *Iaô*, ball sinsearach.

'Gabh amach agus ceannaigh buidéal *guaraná* dúinn,' a d'ordaigh Bruno di. 'Nó arbh fhearr libh Coca Cola?' a d'fhiafraigh sé dínne.

Dúirt Mikael go mbeadh *guaraná*, deoch bog ón Amasóin, togha. Bruno féin a chuir ionadh ormsa. Mura mbeadh sé soiléir ar a aghaidh, ní bheadh a fhios agat riamh gur dearthaireacha iad Nilton agus Bruno; duine acu chomh séimh, an fear eile chomh húdarásach.

Thug Bruno isteach ina sheomra oibre muid, seanseomra codlata ar an gcéad urlár, ar thaobh na sráide. Bhí pictiúr d'fheirm mhór in aimsir na sclábhaíochta crochta ar cheann de na ballaí; bhí grianghraif a tógadh ag searmanais éagsúla crochta ar na ballaí eile. Bhí oracal na sliogán, na *Búzios*, ina luí ar bhord. Sliogáin bheaga áille a bhí iontu, finicíní bána.

'Tá siad cosúil le béal duine, nach bhfuil?' a d'fhiafraigh Bruno nuair a chonaic sé mé ag féachaint orthu. 'An bhfuil a fhios agat go bhfuil an oiread céanna fiacla in oscailt na sliogán sin agus atá i mbéal an duine? Sin an fáth gurb iad ár n-aitheascal iad. Labhraíonn an saol eile linn trí bhéal na bhfinicíní.'

D'fhill an *abiã* leis an *gauraná*, chaith sí í féin ar an urlár, phóg lámh Bruno, d'éirigh sí agus d'imigh sí arís. I bhfianaise umhlaíocht mhuintir an *terreiro* roimh Bruno bhí ionadh orm cé chomh hoscailte is a labhair sé liomsa agus le Mikael. Daoine geala a bhí ionainn tar éis an tsaoil, baill den chine a d'imir cos ar bholg ar chreideamh Bruno ar feadh na gcéadta bliain. Dúirt mé an méid sin le Bruno.

'Sa lá atá inniu ann ceapaim gur eolas, oscailteacht agus oideachas na cosaintí is fearr atá againn,' a d'fhreagair Bruno. 'Iriseoir thú, agus féadfaidh tú ár scéal a insint. Agus chomh maith leis sin, cairde de chuid mo dhearthár sibh.'

Go deimhin, ní raibh idir mé féin agus Nilton ach cairdeas ag an bpointe sin. Is beag a cheap mise ag an am go mbeadh *Pai-de-Santo* mar dhearthár céile agam bliain go leith ina dhiaidh sin agus déarfainn gur lú an tuairim a bhí ag Bruno go bpósfadh a dheartháir fear geal, cé nach féidir a bheith cinnte faoi na rudaí sin. Deir Nilton gur iomaí nod a thugann na *Orixás* do Bruno faoina bhfuil le teacht.

Sular fhágamar an *terreiro*, d'fhiafraigh Bruno díom féin agus de Mikael ar mhaith linn fáil amach cé na *Orixás* a bhí againn féin.

Creideann pobal an *Candomblé* go bhfuil suas le seachtar *Orixá* ag gach duine - is é sin le rá, ag gach duine ó gach cine ar domhan, ní ag na hAfra-Bhrasaíligh amháin. Ciallaíonn *Ori* 'ceann' agus *Xá* 'aingeal' in Ioruba, an teanga Afracach a úsáidtear i gcuid na searmanais i gcónaí. 'Aingeal a Chinn' atá in *Orixá* an duine dá bharr sin - a aingeal coimhdeachta. Rogha agus ord a chuid *Orixá*s a mhúnlaíonn pearsantacht an duine, de réir an *Candomblé*.

Dúirt Bruno nach bhféadfadh sé a rá go cinnte cérbh iad na *Orixá*s a bhí againn gan searmanas oifigiúil a dhéanamh leis na sliogáin - rud nach raibh am ann lena aghaidh an lá sin - ach go bhféadfadh sé tuairim réasúnta cruinn a thabhairt cérbh é an príomh-*Orixá*, nó an chéad bheirt, den seachtar *Orixá*s a d'fhéadfadh a bheith againn.

Bhreathnaigh Bruno ar Mikael agus orm féin go ciúin ar feadh tamaill. Deirtear go bhfuil tionchar ag *Orixá*s an duine ní hamháin ar a chuma fhisiciúil, ach ar an bhfuinneamh atá thart ar an duine ach go háirithe.

Tar éis tamaill labhair Bruno.

'Iansã, *Orixá* na gaoithe agus na tintrí agus máistreas an tí seo a thug anseo sibh. D'inis sí dom faoi bhur gcuairt agus dúirt sí go raibh sibh dáiríre, agus dá bharr sin chuir mé am ar fáil daoibh. Agus is í príomh-*Orixá* s'agatsa, Mikael.'

Is í Iansã príomh-*Orixá* Bruno freisin. Bandia fiáin, stoirmiúil, údarásach, athraíoch í. Is í Naomh Barbara an Naomh Caitliceach a shamhlaítear léi go hiondúil.

Bhí an chuma ar Mikael go raibh sé sásta go leor lena *Orixá*.

Bhreathnaigh Bruno ormsa.

'Mothaim beirt *Orixá* i do chás-sa, Alex. Mac tú de chuid Iemanjá, banríon na mara, ach mac de chuid Oxaguiã, leagan óg de chuid Oxalá, freisin tú.'

Bhí idir ionadh agus díomá orm nuair a dúirt Bruno gur mheas sé gur mac de chuid Iemanjá a bhí iomam. Bhí go leor léite agam faoi na *Orixá*s éagsúla ag an tráth sin agus níorbh í Iemanjá duine de na *Orixá*s a shamhlaigh mé liom féin. Bandia séimh, rúndiamhrach na mara í Iemanjá; ollmháthair na Brasaíle. *Orixá* í a cuireadh i bhfolach taobh thiar de Naomh Muire na gCaitliceach ar feadh na mblianta. Bhí díomá orm nach raibh *Orixá* fireann mar phríomh-*Orixá* agam, laoch láidir ar nós Ogum nó dia rúndiamhrach an tuar ceatha, Oxumarê, an t-aon dia aerach ar chuala mé riamh faoi i gcreideamh ar bith ar domhan. Ina n-ionad seo bhí réalt mátharúil na mara mar *Orixá* agam.

Ach tar éis cúpla soicind thuig mé an scéal. An fharraige! Níor chónaigh mé níos faide ná trí mhíle ón bhfarraige riamh i mo shaol. Nuair a bhí mé i mo chónaí i nGaillimh, théinn ag snámh ag an gCarraig Dhubh i mBóthar na Trá ó cheann ceann na bliana. Mura bhfeicim an fharraige ar a laghad gach re lá, téim as mo mheabhair. Nuair a dúirt Bruno gurb í Iemanjá an *Orixá* agam, thuig mé i gceart den chéad uair go bhfuil an fharraige chomh tábhachtach domsa agus atá sí do na rónta, do na héisc agus don fheamainn.

Ach an *Orixá* eile, Oxaguiã? Ní raibh a fhios agam a dhath faoi Oxaguiã, ach mhínigh Bruno cúrsaí dom.

'Leagan óg de Oxalá, *Orixá* an chirt, é Oxaguiã. Oxalá ina fhear óg, mar a déarfá. Tugtar Oxalufá ar Oxalá mar sheanóir. Ach leaganacha den *Orixá* céanna, Oxalá, iad beirt.'

Bhí sé seo thar a bheith casta domsa, ach don té a fhásann aníos gar don *terreiro*, tá domhan na *Orixá*s ar an rud is loighciúla dá bhfuil ann. Go deimhin is iad na *Orixá*s loighic an domhain.

Lean Bruno ar aghaidh beag beann ar an mearbhall a bhí ag teacht
ormsa.

'Duine de na hóglaigh i measc na *Orixás* é Oxaguiā cé nach óglach
brúidiúil é cosúil le Ogum nó Xangô, a théann i mbun cogaidh ar
mhaithe leis an troid. Ach ní shin le rá go seachnaíonn Oxaguiā an
troid. Oibrí crua é; pátrún na troda laethúla chun arán a chur ar an
mbord, cosantóir chearta an duine, cosantóir an té atá faoi chois.'

Faoi dheireadh, thuig mé an scéal. Nach raibh fócas ar leith ar chearta
mionlach - inimircigh, pobal na Gaeilge, an pobal aerach - i gcónaí i
mo chuid iriseoireachta? An amhlaidh gurbh é Oxaguiā an fórsa
folaithe a stiúraigh i dtreo na n-ábhar sin i gcónaí mé? Cá bhfios, ach an
lá sin i seomra oibre Bruno bhí loighic Salvador ag dul i bhfeidhm orm.

Anuas air sin, tharla eachtra eile coicís ina dhiaidh sin nach bhféadfadh
fiú an t-ainchreidmheach is mó ar domhan comhtharlú a thabhairt air.

Oíche Chinn Bhliana a bhí ann agus bhí mé in Fortaleza, cathair mhór
ar chósta thuaidh na Brasaíle. Bhí míle ciliméadar idir mé agus *terreiro*
Bruno.

Bhí sé thart ar a seacht a chlog san oíche. Bhí sluaite daoine
gealgháireacha ag déanamh a mbealaigh i dtreo thrá Fortaleza, cúpla
bloc soir ón mbrú óige ina raibh mé ag fanacht. Bhí éadaí bána ar gach
duine, de réir nós na Brasaíle ar an lá deireanach den bhliain. Bhí an
chuma air gur oíche go maidin a bheadh ann agus chuaigh mé isteach
sa siopa béal dorais chun buidéal mór uisce a cheannach. Bhí a fhios
agam go n-íocfainn dhá oiread an bhuidéil mhóir ar bhuidéal beag ar

an trá ar ball. Bhí mé díreach ar mo bhealach amach as an siopa nuair a leag fear óg lámh ar mo ghualainn. Bhí sé gearr agus tanaí agus ní fhéadfadh sé a bheith mórán le cois scór bliain.

'Gabh mo leithscéal,' a dúirt sé. 'An bhféadfainn ceist a chur ort?'

'Abair leat.'

'Tá a fhios agam gur turasóir tú ach chuala mé tú ag labhairt Portaingéilise le fear an tsiopa. Tá Portaingéilis mhaith agat. B'fhéidir go bhfuil tú sa Bhrasaíl le tamall.'

'Ag tarraingt ar dhá mhí,' a dúirt mé.

'Go maith. B'fhéidir gur chuala tú caint faoi na reiligiúin Afra-Bhrasaíleacha? Faoinár gcuid *Orixás*?'

'Chuala.'

'Go maith. Seo í mo cheist, mar sin: an de chuid Iemanjá agus Oxaguiã thú?'

Theip mo chaint orm. Cén chaoi a bhféadfadh duine i gcathair a bhí míle ciliméadar ó *terreiro* Bruno é seo a thomhas i bhfaiteadh na súl?

'Cén chaoi a raibh a fhios agat sin?' a deirim sa deireadh.

'Tá sé le haithint ort,' a dúirt an fear óg.

Chaith mé féin agus an fear óg, Roberto, an chuid ba mhó den oíche inár suí ar an trá ag breathnú ar na tinte ealaíne agus ag labhairt faoi na creidimh Afra-Bhrasaíleacha. Bhain sé féin leis an *Xangô*, creideamh

Afra-Bhrasaíleach a chathair dhúchais, Recife, atá fíorchosúil le *Candomblé* Salvador.

'Caithfidh mé rud a rá leat,' a dúirt Roberto nuair a bhí tinte ealaíne Oíche Chinn Bhliana thart agus nuair bhí sé in am baile. 'Ní raibh mé ag iarraidh é seo a rá leat nuair a chas mé leat ag an siopa sin ar eagla go mbeifeá scanraithe.'

'Abair leat,' a dúirt mé.

'Tá sé le haithint ort gur duine de chuid Iemanjá agus Oxaguiã thú. Ach níorbh shin é an fáth ar labhair mé leat. Oxalá féin a dúirt liom go gcasfainn le duine de chuid Iemanjá agus Oxaguiã inniu agus go raibh sé tábhachtach labhairt leis an duine seo.'

Leis sin, d'fhág Roberto slán agam. Níos mó ná riamh, mhothaigh mé nár chomhtharlú a bhí sna himeachtaí seo i mo shaol ach go raibh cluiche de chineál ar bun ag na *Orixá*s, agus gurbh é aidhm an chluiche ná mise a mhealladh go dtí an Bhrasaíl. Bhí ag éirí leo.

Bliain agus mí ina dhiaidh sin, ar 2 Feabhra, tá mé féin agus Nilton ag déanamh ar thrá Rio Vermelho, ceantar saibhir cois trá a tógadh ag deireadh an naoú haois déag. Tá atmaisféar *fin de siècle* le mothú i sráideanna grástúla, pleanáilte na háite, atmaisféar nach bhfuil scriosta go hiomlán fós ag túir choincréite na n-óstán, na cinn is mó agus is daoire sa chathair. Ach ní bheadh an Bhrasaíl ina Brasaíl mura mbeadh bochtanas buailte suas díreach in aice an rachmais. Tá ceann de na favelas is contúirtí sa chathair, Nordeste de Amaralina, ar an gcnoc díreach os cionn Rio Vermelho. Agus ar thrá Rio Vermelho féin déanann na hiascairí a gcuid oibre díreach mar a rinne a sinsear, ag dul amach ar an bhfarraige i mbáid bheaga seoil nó i gcuracha adhmaid. Ní dócha go bhfuil mórán feabhais ar theacht isteach na n-iascairí ó mhair a sinsir ach an oiread.

Is ar thrá na n-iascairí seo atá Nilton, mé féin agus na céadta míle duine eile ag déanamh. Díreach cosúil le Lá Bonfim, níos lú ná mí ó shin, níl na busanna in ann dul isteach in Rio Vermelho fiú amháin. Tá an ceantar ar fad ag cur thar maoil le daoine - agus le bláthanna.

Is é Lá Iemanjá 2 Feabhra. Tá tóir ar *Orixá* na mara ar fud na Brasaíle, fiú taobh amuigh de phobal na gcreideamh Afra-Bhrasaíleach; b'fhéidir de bhrí go samhlaítear le Naomh Muire na gCaitliceach í. Inniu tá na sluaite tagtha go Rio Vermelho chun ómós agus bronntanais a thabhairt di. Is breá le Iemanjá bláthanna, ach táthar ann a chaitheann seoda san fharraige ag súil le beannacht bhanríon na mara don chéad bhliain eile.

Ceannaíonn Nilton agus mé féin rós an duine ó cheann de na céadta seastán atá le taobh na mbóithre isteach go Rio Vermelho. Rós bán dom féin - dath Iemanjá chomh fada is a bhaineann sé le rósanna, ós rud é nach bhfuil rósanna gorma ann - agus rós buí do Nilton, dath *Orixá* s'aigesean, Oxúm.

Thángamar luath an uair seo le hintinn an tslua a sheachaint, ach bhí an smaoineamh céanna ag leathmhilliún duine.

'Fiú iad siúd a deir nach bhfuil siad ag iarraidh baint ar bith a bheith acu leis an *Candomblé*, ní scaoileann siad an lá seo tharstu,' a deir Nilton. 'Ar 2 Feabhra baineann an chathair ar fad leis an *Candomblé*.'

Tá trá na n-iascairí plódaithe agus tá scuaine míle ar fad ar bhóthar na trá. Tá na daoine atá sa scuaine ag iarraidh a gcuid bronntanas do

Iemanjá a thabhairt do na hiascairí, a thabharfaidh na bronntanais
amach ar an meá mhór. Deirtear linn go bhfuil daoine ag seasamh sa
scuaine ó bhí tráthnóna inné ann.

Thosaigh traidisiún Lá Iemanjá thiar sa bhliain 1921, nuair a bhí
iascairí Rio Vermelho thíos le ganntanas éisc le roinnt blianta. Mheas
siad go raibh Iemanjá spréachta leo toisc nach raibh buíochas á
thabhairt di i gceart ag na hiascairí as an bhfómhar a bhronn sí
orthu. Chomh maith le cáil na máithriúlachta, tá cáil an díoltais ar
Iemanjá. D'iarr na hiascairí cead ar na húdaráis féile phátrúin a eagrú
di, ach bhí fadhb acu. Bhí cosc iomlán ar a reiligiún, an *Candomblé*.
Fiú agus formhór theampaill an *Candomblé* lonnaithe in áiteanna
rúnda i bhfad ó lár na cathrach, bhí *terreiros* á scrios ag na póilíní
gach uile mhí.

Ach ar ndóigh bhí bealach timpeall air seo. Féile phátrúin do Naomh
Muire Réalt na Mara a bheadh ann, go hoifigiúil. De réir an tseanchais,
bhí rath ar leith ar iascairí Rio Vermelho ó shin.

Níl fonn ar bith orm féin agus ar Nilton an lá a chaitheamh faoi ghrian
the an tsamhraidh - níl scáth ar bith san áit a bhfuil an scuaine.
Leanaimid roinnt daoine eile a tháinig rómhall, ar chosán go dtí na
carraigeacha lastuaidh den trá.

Mar gheall ar an slua ollmhór ar bhóthar na trá, ní fhaca mé an
fharraige féin go dtí seo. Baineann radharc na mara an anáil díom. Tá
na céadta bláthanna ar snámh san fharraige: rósanna bána den chuid is
mó, ach cinn bhuí agus cinn dhearga chomh maith. Tá áilleacht
rúndiamhrach, mhaorga ag baint leis na bláthanna gleoite sa chúr agus
sa tsáile - bronntanais á n-iompar go mall, réidh ag an taoille chuig
banríon na mara.

Tá sé níos ciúine anseo - is é sin le rá, níl sé dubh le daoine. Tá gach duine ag lorg áitín chiúin dó féin, áit lena thabhartas a bhronnadh ar an bhfarraige. Fiú ar bharr na gcarraigeacha garbha seo tá scuainí beaga ag feitheamh ar na háiteanna is fearr. Breathnaím ar na daoine, cuid acu ar a ngogaide, ag stánadh isteach san fharraige go smaointeach, cuid eile ina seasamh suas díreach, a lámha sínte amach i dtreo na farraige, cuid de na daoine ag guí os íseal, cuid eile ag casadh amhrán rúndiamhrach in ard a ngutha. Níl tuairim faoin spéir agam céard ba cheart dom féin a dhéanamh. Is í Iemanjá duine de mo chuid *Orixás* féin, tar éis an tsaoil, agus cé nach mbainim leis an *Candomblé*, b'fhearr liom é seo a dhéanamh i gceart, agus gan amadán a dhéanamh díom féin os comhair na ndaoine eile atá anseo.

'Déan ar do bhealach féin é, níl bealach mícheart ann,' a deir Nilton.

Téim síos chun na farraige. Déanaim iarracht cuma smaointeach a chur orm féin, ach ní éiríonn liom mo chuid smaointe a dhíriú ar rud ar bith faoi leith. Caithim mo rós bán isteach san fharraige. Níos lú ná soicind ina dhiaidh sin, briseann tonn ar an gcarraig thíos fúm gan choinne agus báitear go craiceann mé.

Tá náire orm, ach go háirithe nuair a thosaíonn na daoine ar an gcarraig ag gáire, ag bualadh bos agus ag liú. Ardaím mo lámha san aer, strais orm, agus seo liom suas go dtí an charraig ard ar a bhfuil Nilton ina shuí.

'Tá gach duine ag gáire fúm.'

'A mhalairt ar fad,' a deir Nilton. 'Bhí siad sásta ar do shon! D'aithin Iemanjá thú agus chaith sí a huisce leat mar chomhartha.'

Cá bhfios ach go bhfuil an ceart ag Nilton? Táim sásta glacadh leis mar chomhartha, comhartha go bhfuil na fórsaí rúndiamhracha a stiúraíonn an saol in Salvador sásta glacadh liomsa, ainchreidmheach ciniciúil de chuid an chine ghil, ina measc.

RÓPA AN APARTHEID

Ó shlua amháin go slua eile. I mbliana, titeann Lá Iemanjá ar an lá deireanach den charnabhal, agus ós rud é go bhfuilimid ar an mbóthar cheana féin, socraímid siúl ó Rio Vermelho go Barra, ceann den dá cheantar sa chathair ina dtarlaíonn an carnabhal mór.

Trí chéim is tríocha atá an teas agus níl puth gaoithe ón bhfarraige ar an mbóthar ó dheas go Barra. Tá na bóithre ar fad dúnta don trácht ach tá siad ag cur thar maoil le daoine. Dá fhad ó shollúntacht Lá Iemanjá a bhogaimid is gaire don carnabhal a thagaimid agus is scáinte feisteas na ndaoine. Tá a gcuid léinte bainte díobh ag formhór na bhfear agus tá formhór na mban gléasta ar bhealach nach n-oirfeadh do dhream ar bith ar domhan ach do mhná na Brasaíle. Tá gach duine ag tarraingt ar an mbóthar cois trá in Barra, promanáid fhairsing, fhada, lán óstán, bialann agus clubanna oíche. Seo an áit a bhfuil an pharáid ag tosú, thart ar a trí a chlog tráthnóna. Beidh an gabhar á róstadh go maidin.

Is í carnabhal Salvador an fhéile sráide is mó ar domhan, de réir chomhairle cathrach Salvador. Murab ionann is carnabhal Rio de Janeiro, a eagraítear i staid ollmhór a tógadh go speisialta chun carnabhal a eagrú ann, tarlaíonn carnabhal Salvador ar an tsráid. Mar sin féin tá an fhéile teoranta do Barra agus Campo Grande agus is aisteach liom chomh normálta is a théann an saol ar aghaidh sa chuid eile den chathair. Sa bhaile, in Tancredo Neves, níl difear ar bith le sonrú.

Ach anseo in Barra tá gach duine ar an drabhlás. A bhuíochas leis na mílte díoltóirí sráide níl ganntanas beorach ná uisce ann, agus ar an mbóthar atá comhthreomhar le bóthar na trá, áit nach bhfuil a gcuid seastán sa bhealach ar an bparáid, tá na *Baianas* ag meascadh na gcomhábhar dá gcuid *acarajés* agus ag róstadh feola.

'Deir siad gur féile pobail atá sa carnabhal,' a deir Nilton. 'Ach níl am ar bith sa bhliain is déine a oibríonn daoine bochta ná le linn an seacht lá seo.'

Go tobann seasann an slua ar bhóthar na trá go leataobh. Seo chugainn na póilíní míleata, ag máirseáil síos bóthar na trá i dtreo theach solais Barra ina líne fhada chaol gan deireadh. Daonlathas atá sa Bhrasaíl, ach tá an chuma ar na póilíní seo go bhfuil siad réidh do chogadh cathartha. Tá a gcuid gunnaí agus a gcuid bataí iarainn á n-iompar acu go feiceálach agus tá féachaint dhorcha, dháiríre ina gcuid súl, faoi na clogaid stáin.

Ní hé seo an cineál paráide a raibh coinne agam leis ach tuigim straitéis na bpóilíní. Is fiú na billiúin carnabhal Salvador do thionscal turasóireachta na cathrach. Tugann isteach is amach le 900,000 turasóir cuairt ar an gcathair le linn sheachtain an charnabhail. Cuairteoirí ó chathracha eile sa Bhrasaíl iad thart ar a leath acu; Gearmánaigh, Sasanaigh Ollannaigh agus Lochlannaigh iad a bhformhór eile agus caithfear iad a chosaint go maith ionas go dtiocfaidh tuilleadh acu an chéad bhliain eile.

Tá grúpa turasóirí amháin ann nach dteastaíonn mórán cosanta uathu ó phóilíní Bahia. Ar chúis éigin, tá Salvador ar cheann de na hionaid is fearr le saighdiúirí Iosraelacha dá gcuid laethanta saoire. Nuair a rinne buíon robálaithe armtha ó Salvador iarracht grúpa turasóirí ó Iosrael a robáil roinnt blianta ó shin, tugadh batráil chomh dona sin dóibh gur scaip cáil na saighdiúirí Iosraelacha ar fud na cathrach. Fanann robálaithe na cathrach glan ar mhuintir Iosrael ó shin.

Tá mórchuid na bpóilíní sa chathair ar dualgas in Barra agus i lár na cathrach le linn an charnabhail, ach leanann an t-ár sna bruachbhailte. Tá an saol níos éasca ag na coiriúlaigh ansin fad is atá na póilíní ar fad ag tabhairt aire do na turasóirí.

Nuair a thagann na póilíní chomh fada leis an teach solais ag bun bhóthar na trá filleann siad ina mbeirteanna. Gach céad méadar, fanann ceathrar póilín ina seasamh le taobh an bhóthair, beirt ar gach taobh, réidh don pharáid.

Nílimidne réidh fós, caithfimid lucht an Loteamento a aimsiú sa slua fós: Tony, a chailín Analine agus Nino, comharsa eile. Sa deireadh, is é Nino a aimsíonn Nilton agus mé féin.

'Bíonn sé éasca tusa a aimsiú i gcónaí.'

Cuireann sé a lámh ar mo ghualainn.

'Tú féin agus do chraiceann bán!'

Fear óg ciúin ach greannmhar é Nino, fear gorm ar an dath céanna le Nilton ach é lom tanaí. Cónaíonn Nino i gceann de na tithe is boichte i sráid mhuintir Nilton. Go deimhin tá an chuma ar a theach a shamhlaím a bhí ar theach mhuintir Nilton nuair a bhog siadsan isteach ina dteach siúd, nach mór fiche bliain ó shin.

Teach beag cearnógach atá i dteach mhuintir Nino, seans nach bhfuil deich méadar cearnach féin ann. Teach aon stóir atá ann cé go bhfuil struchtúr de chlocha tógála agus plátaí iarainn tógtha ar dhíon an tí. Measaim gur sa struchtúr seo a chodlaíonn Nino toisc gur ann a bhíonn sé nuair a théimid á lorg. Codlaíonn a thuismitheoirí agus deirfiúr leis sa teach féin, nach bhfuil ann, is dóigh liom, ach an t-aon seomra amháin.

Níl a fhios agam go cinnte cén chuma atá ar theach mhuintir Nino ar an taobh istigh toisc nár lig Nino isteach riamh mé. Nuair a labhraíonn sé linn, seasann sé i ndoras leathdhúnta an tí. Tá Nino ar na daoine is gealgháirí ar chas mé leo in Tancredo Neves, ach níl sé ag iarraidh go bhfeicfeadh fear ón Eoraip bochtanas a mhuintire. Sin é a shamhlaím ar aon nós.

Aimsímid áit le suí ar an sconsa ard le taobh bhóthar na trá. Trí mhéadar thíos fúinn, taobh thiar dár ndroim, tá trá Barra. Tá an trá seo ar cheann de na tránna is mó cáil sa chathair, ach anois díreach tá sí bánaithe. Ar an mbóthar os ár gcomhair atá an slua, ag ól agus ag gáire agus ag breathnú ar an gcéad cheann de na carranna ceoil atá díreach ag teacht timpeall an chúinne ag an teach solais.

Athraíonn an t-atmaisféar go fisiciúil nuair a dhruideann an carr ceoil linn. Trucail ollmhór atá ann: tá cabhail an leoraí líonta le callairí móra dubha agus tá banna ceoil ag seinnt ar an díon. Tá ceol rithimiúil Afra-Bhrasaíleach á chasadh ag an mbanna, Trio Motumbi. Cuireann an dordán ár mbolg agus ár gcnámha ag crith. Níl an carr tagtha chomh fada linn fós, fiú amháin, nuair a chaillimid an smacht ar ár ngéaga. Tá an slua ag béiceadh, ag damhsa, ag léim, ag ól, ag gáire. Táimid féin ag damhsa ar bharr an sconsa; is cuma linn faoin dlús daoine taobh thiar dínn.

Tiomáineann na trucailí ceoil chomh mall is atá siad in ann gan stopadh. Tógann sé suas le fiche nóiméad ar an *bloco* - an chóisir shoghluaiste a bhfuil trucail an cheoil ina lár - dul thart. Tá trucail eile á tarraingt ag trucail an cheoil. Beár soghluaiste atá sa dara trucail, beár atá ag freastal ar na céadta daoine atá ag siúl, ní hea, ag damhsa, ag leanúint trucail an cheoil fad chúrsa ocht gciliméadar na paráide.

Tá na daoine seo ar an taobh istigh, táimidne ar an taobh amuigh. Scarann rópa fada, a théann timpeall ar an *bloco* ar fad, na daoine atá in ann íoc as ticéad don *bloco* ó na daoine nach bhfuil.

Siombail stádais is ea páirt a ghlacadh i do rogha *bloco* in Salvador. Cosnaíonn ticéad seachtaine do cheann de na *blocos* níos mó ná an gnáthioncam míosúil. Níor shiúil Nino, Tony nó Analine laistigh den *bloco* riamh, agus ní dócha go siúlfaidh.

'Rópa an Apartheid' a ghlaonn muintir na mbruachbhailte bochta ar na rópaí fada timpeall ar na *blocos* a scarann saibhir ó dhaibhir. Agus mé i mo sheasamh ar bharr an sconsa is rí-léir cén fáth. Daoine geala agus daoine a bhfuil dath éadrom ar a gcraiceann taobh istigh; daoine gorma ar an taobh amuigh.

Is iad na daoine atá ag iompar an rópa a bhfuil trua agamsa dóibh. Daoine gorma iad seo ar fad, daoine as na bruachbhailte bochta a bhfuil orthu an rópa seo a iompar, a bhrú agus a tharraingt fad an chúrsa. Beidh siad breis is deich n-uaire an chloig ar a gcosa agus an slua coinnithe taobh istigh acu, le linn don dream lasmuigh a bheith ag éirí níos ólta agus níos callánaí. Dá dhéanaí san oíche é is deacra a bheidh sé ar fhir agus ar mhná an rópa an dá dhream a choinneáil óna chéile agus súil a choinneáil ar chúrsaí sábháilteachta laistigh den *bloco*. Ag deireadh an lae, saothróidh siad 10 *reais* an duine - €3.20.

Tá faobhar ag teacht ar an slua anois. Tá gach uile charr ceoil níos snasta ná an ceann a tháinig roimhe, agus an ceol níos airde. Gabhann

Daniela Mercury, amhránaí as Salvador a bhfuil cáil idirnáisiúnta uirthi, tharainn agus déanaimid damhsa go dtí go gceapaim go dtitfidh mé i laige. Ach ní thitim, agus is maith an rud é, toisc go bhfuil trucail Ivete Sangalo, *non-plus-ultra* carnabhal na Brasaíle, díreach ag teacht timpeall an chúinne ag an teach solais.

Téann sruth leictreachais tríd an slua mar a bheadh gach duine againn plugáilte isteach i ngineadóir cumhachta thrucail fuaime Ivete. Tá sí féin ag léim agus ag damhsa agus ag canadh in ard a gutha ar bharr na trucaile, gan uirthi ach bicíní ar dhath an airgid agus tiara le dhá mhaide le cleití ar bharr a cinn. Chuirfeadh a feisteas coinín pornagrafach i gcuimhne duit, ach is í an bhean chaol ard seo, a bhíodh ag díol píóg ar na sráideanna go dtí gur bhuaigh sí comórtas amhránaíochta roinnt blianta ó shin, banríon an charnabhail. Fiú daoine ar mo nós féin, a bhfuil an ghráin dearg acu ar an gceol gáirsiúil *Axé* a chasann sí, táimid faoi dhraíocht Ivete fad is atá sí ag dul thar bráid. Níl rogha againn ach í a adhradh mar a bheadh bandia, ní hea: Slánaitheoir.

Tá Ivete imithe le fada faoin am a shocraímid tacsaí a fháil abhaile. Tá sé thart ar a dó a chlog ar maidin. Tá draíocht an charnabhail thart go ceann bliana eile, agus tá ar gach duine againn aghaidh a thabhairt ar an ngnáthshaol laethúil an athuair.

FRANCISCO

Tá Francisco Evangelista da Hora ar dhuine de na daoine seo. Gach maidin nach mór, agus mé ar mo bhealach ón árasán go dtí an Loteamento chun arán a cheannach sa bhácús thíos ansin, feicim Francisco, a bhreathnaíonn i bhfad níos sine ná an dá bhliain agus trí scór atá aige. Bíonn Francisco ag an ionad dumpála beag áitiúil. Gach uile lá, beannaíonn sé dom agus beannaímse dó.

Lá amháin téim chomh fada leis agus tosaímid ag comhrá.

Tá cannaí dí á mbascadh le cloch ag Francisco. Is láidre go mór an seanfhear lom seo, ná a chuma. Is leor buille amháin anuas ar channa le pancóigín bheag stáin a dhéanamh as.

'Mar a fheiceann tú tá cleachtadh maith agam ar an obair seo faoin am seo.'

Déanann Francisco gáire mhantach. Tá mé dallta ag solas bán na gréine atá frithchaite sna spéaclaí saora stáin atá á gcaitheamh aige. Tá sé a naoi a chlog ar maidin agus tá Francisco ag sclábhaíocht leis le ceithre huaire an chloig anuas. Ó chaill sé a phost i monarcha dhá bhliain déag ó shin déanann sé scagadh ar an mbruscar a fhágtar ag an ionad dumpála beag seo ar theorainn Arvoredo agus an Loteamento.

Is í an obair a dhéanann Francisco an t-aon athchúrsáil a dhéantar ar bhruscar sa cheantar, ach ní fhaigheann sé pingin rua ón gcomhairle cathrach. Ní hann dá phost go hoifigiúil, fiú amháin. Díolann Francisco na cannaí stáin, na buidéil phlaisteacha, an t-iarann meirgeach, an páipéar agus an cartús a bhailíonn sé le gnó seanmhiotail in Arenoso, siúlóid trí chiliméadar ón láthair dumpála. Saothraíonn sé thart ar €24 in aghaidh na seachtaine ar an mbealach seo, an t-aon ioncam atá aige. Ní cheapfá é ag breathnú air, ach tá Francisco ró-óg don phinsean fós.

'Ach is lú an méid a shaothraím ar an lasta céanna gach mí. An seaniarann, sin an t-aon rud atá ag coinneáil a luacha.'

Cuireann Francisco a chuid cannaí stáin leactha ina bharachairtín láimhe, anuas ar na buidéil phlaisteacha, a bhfuil an t-aer brúite astu lena gcrapadh.

'Is maith an rud é go bhfuil poist ag mo chuid iníonacha agus go dtugann siad roinnt airgid dom. Murach sin… níl a fhios agam. Tá sé deacair aghaidh a thabhairt air seo gach uile lá. Níl lámhainní sábháilteachta agam, ná masc le cur ar mo bhéal. Fiú dá mbeadh bainne agam le hól i rith na maidine dhéanfadh sé an obair níos éasca, ní chuirfeadh an boladh mo ghoile trí chéile.'

'Ach bíonn tú anseo gach uile mhaidin mar sin féin.'

'Tá creideamh láidir agam. Sin an rud a choinníonn ag imeacht mé.'

Tá an ghrian ag éirí níos teo agus níos gile i gcónaí. Gortaíonn sé mo shúile breathnú ar dhromchla na sráide, ar bhallaí na dtithe, ar an solas frithchaite sna cannaí agus sna buidéil. Ó am go chéile tagann mná chomh fada leis an láthair dumpála, mála bruscair i lámh amháin agus greim acu ar a srón leis an lámh eile. Beannaíonn roinnt de na mná do Francisco, ach fágann an mhórchuid na málaí ina ndiaidh gan focal astu.

Ardaíonn Francisco a ghuaillí.

'Ba cheart duit an áit seo a fheiceáil ag a cúig a chlog ar maidin, nuair a thosaím ag obair. Bíonn an áit ina cíor thuathail. Ag meán lae bíonn gach rud sórtáilte agam agus glanaim an áit. Bíonn an áit chomh néata nach gceapfá gur ionad dramhaíola a bhí ann ar chor ar bith. Ach ag a cúig a chlog an mhaidin dár gcionn bíonn an áit trí chéile arís.'

Aisteach go leor, tá an t-ionad dramhaíola ag a mbíonn Francisco ag scagadh an bhruscair ar cheann de na háiteanna is glaine in Tancredo Neves, áit a mbíonn rogha fhairsing ag na madraí sráide nuair a thagann ocras orthu. Sa chéad tseachtain de Mhárta, ag tús séasúr na fearthainne, thit an oiread báistí go raibh tuillte in go leor áiteanna sa chathair. Chuaigh na tonnta salachair isteach sna tithe. Bhí an t-ádh ar mhuintir Tancredo Neves go bhfuil a gceantar tógtha ar bharr na gcnoc.

Caitheann cathair Salvador amach milliún go leith tonna bruscair in aghaidh na bliana, sliabh dramhaíola atá ró-ard don 130 leoraí bruscair atá ag an gcomhairle cathrach. Ní ar an gcomhairle cathrach atá an locht faoin bhfadhb áfach, a deir an fear atá i gceannas ar an tseirbhís bailithe bruscair, Álvaro Silveira Filho.

'Cuireann na daoine an bruscar amach ag an am mícheart agus san áit mhícheart,' a áitíonn sé.

Ach tá pleananna móra ag an gcomhairle cathrach. As seo go ceann cúpla bliain déanfar scagadh agus athchúrsáil ar an mbruscar ar fad sa chathair. Ach ní hé Francisco, ná a chuid comhghleacaithe neamhoifigiúla i gceantair eile sa chathair, a bheidh i mbun na hoibre seo. Bronnfar an conradh don athchúrsáil ar fad sa chathair ar chomhlacht príobháideach, agus beidh deireadh le slí bheatha Francisco mar cheannródaí athchúrsála.

'Ní fheicfidh tú anseo mé i gceann bliana. Roimh i bhfad ní bheidh cead ach ag comhlachtaí atá cláraithe go hoifigiúil seanmhiotal agus seanpháipéar a bhailiú. Caithfidh tú a bheith cláraithe chun cannaí stáin a bhailiú cheana féin, tá mo dhóthain fadhbanna agam leis sin cheana. Ní thiteann seanfhear cosúil liomsa agus a bharachairtín láimhe lán le hiarann meirgeach isteach leis an íomhá nua-aimseartha atá siad ag iarraidh a thabhairt don chathair.'

Meán lae. Glanann Francisco a láthair oibre go dícheallach lena scuab, atá chomh tánaí agus chomh caite leis féin. Tá sé in am tabhairt faoin aistear laethúil go dtí an comhlacht seanmhiotail in Arenoso, trí chiliméadar in aghaidh an aird, sa teas marbhánta. Beidh Francisco anseo arís ag a cúig a chlog amárach, agus an mhaidin ina dhiaidh sin, go dtí an lá go dtiocfaidh na húdaráis chun an ruaig a chur air.

GIRAMUNDO

Ceann de na rudaí is suntasaí faoi dhearthair Nilton, Bruno, ná nach bhfuil fón póca aige. Má theastaíonn uait bualadh leis, caithfidh tú dul sa seans agus tabhairt faoin aistear fada go dtí an *terreiro* in Uruguai, agus súil agat nach mbeidh scuaine daoine os do chomhair atá ag lorg cúnaimh agus comhairle ón *Pai-de-Santo*.

Theastaigh cúnamh Bruno uaim féin: ní maidir le cúrsaí spioradálta, ach maidir leis an gclár faisnéise a bhí á dhéanamh agam do TG4. Theastaigh uaim agallamh a chur air agus ceann de na searmanais sa *terreiro* a thaifeadadh, dá mb'fhéidir. Ach sa mhéid nárbh fhéidir glao ar Bruno chun coinne a dhéanamh, ní raibh de rogha agam ach dul ann. Tháinig Nilton i mo theannta.

Nuair a bhaineamar an *terreiro* amach bhí an doras oscailte, ach ní raibh duine ar bith le feiceáil thíos staighre. Bhí caint agus gáire ard le cloisteáil ón gcéad urlár, áfach, agus lean mé Nilton suas an staighre. Bhí grúpa beag daoine, roinnt de na daoine is lárnaí agus is gníomhaí in *terreiro* Bruno, cruinnithe le chéile sa phasáiste beag idir an chistin agus seomra oibre agus codlata Bruno. Seo é seo an t-aon áit thuas staighre a raibh spás le suí ann.

Bhí Bruno féin ina shuí i lár an ghrúpa, ar an gcathaoir is compordaí sa teach. Ní raibh air ach bríste fada, ní raibh léine ar bith ar a ucht. Bhí todóg á chaitheamh aige, rud a chuir iontas orm, toisc go bhfuil an ghráin aige ar thobac. Bhí Mara, bean óg álainn chiardhubh a chónaíonn sa *terreiro*, ag coinneáil súil amháin ar an sorn agus súil eile ar a maicín óg Breno, a bhí ag súgradh idir cosa na ndaoine agus na gcathaoireacha. Bhí Paulo, duine de na drumadóirí ag na searmanais sa *terreiro*, agus Carlos, duine de na fir a mharaíonn pé ainmhithe atá le marú do shearmanais áirithe, ina shuí ar chathaoireacha taobh le Bruno. Bhí Panqueca, an fear óg a bhfuil Bruno ag siúl amach leis, ina shuí ag bun an staighre go dtí an dara hurlár. Ní raibh sé ach a haon a chlog tráthnóna, ach bhí an chuma air go raibh cóisir de chineál éigin ar siúl. Bhí ard-ghiúmar ar an ngrúpa beag.

Theastaigh uaim labhairt le Bruno faoin gclár faisnéise, ach bhí iontas beag i ndán dom. Bhí colainn Bruno i láthair, ach bhí Bruno féin in áit éigin eile. Ba léir sin nuair nár aithin sé muid nuair a thángamar isteach.

'Tagaigí isteach! Tá fáilte romhaibh sa teach seo,' a dúirt Bruno. 'Cé sibh féin?'

Níor bhain an cheist aisteach siar a bheag nó a mhór as Nilton, a sheas os comhair Bruno agus a chuir é féin in aithne dá dheartháir féin.

'Mise Nilton, deartháir Bruno, agus seo é mo pháirtnéir, Alex.'

Chroith Bruno ár lámha.

'Tá fáilte mhór romhaibh sa teach seo. Gabh i leith, Alex, an bhfuil a fhios agat cé mé féin?'

Bhí a fhios agam gur cleascheist a bhí ann, ach ní raibh a fhios agam cén freagra eile a thabharfainn.

'Ar ndóigh tá a fhios agam. Tusa Bruno, mo dheartháir céile.'

Leath gáire ard ach croíúil tríd an ngrúpa beag daoine a bhí cruinnithe timpeall ar Bruno.

'Ní shea,' a dúirt sé i ndordghlór íseal.

Tharraing sé ar an todóg mhór a bhí ina lámh aige agus lig don toit puthaíl amach as a bhéal i gciorcail.

'Mise Giramundo! Is dócha gurb é seo an chéad uair ar labhair neach ón saol eile leat?'

Gan dabht ar bith ba é an chéad uair é ar labhair neach ón saol eile liom chomh soiléir sin. Roinnt blianta roimhe sin, i searmanas i dteach allais de chuid na nIndiach Lakota sna Stáit Aontaithe, dúirt an fear Indiach a bhí i gceannas ar an searmanas úd gur tháinig spiorad i láthair sa teach allais a raibh teachtaireacht aige dom, agus theastaigh uaidh fáil amach an raibh teachtaireacht an spioraid sin cloiste agam. Ní raibh, agus mheas mé nach raibh mé tiúnáilte isteach a dhóthain lena leithéid de theachtaireachtaí a chloisteáil. Ní raibh aon tiúnáil isteach ag teastáil ó Giramundo áfach: chuala mé a ghlór scairteach go breá soiléir.

Tá teacht i láthair neacha ón saol eile ar cheann de na rudaí is bunúsaí i gcreideamh an *Candomblé*. Thiocfadh leat a rá, fiú amháin, gurb é an bhunchloch ar a bhfuil an creideamh seo agus na creidimh Afra-Bhrasaíleacha eile, tógtha. Le linn na searmanas, tuirlingíonn na *Orixás*

ón saol eile agus glacann siad seilbh ar chorp daoine áirithe atá páirteach sa searmanas. Agus na *Orixás* i láthair ar an gcaoi seo, beannaítear gach duine ag an searmanas.

Cé go gcreideann muintir an *Candomblé* go bhfuil suas le seachtar *Orixás* ag gach duine mar a bheadh aingil choimhdeachta ann, ní hionann sin is a rá gur féidir le gach duine *Orixá* a 'iompar' le linn searmanais. Go hiondúil ní ghlacann na *Orixás* seilbh ach ar cholainn na ndaoine úd atá réitithe ag *Pai-de-Santo* nó *Mãe-de-Santo* chun *Orixá*(s) áirithe a iompar. Tá daoine ann atá ina mbaill den *Candomblé* ach nach n-iompróidh *Orixá* go brách; go hiondúil is iadsan a bhíonn i mbun na drumadóireachta nó i mbun na dtascanna eile a bhíonn le cur i gcrích roimh agus i ndiaidh na searmanas.

De ghnáth, ní thagann *Orixás* i láthair ach ag na searmanais. Nuair a chuimhníonn tú go bhfuil os cionn 3,000 *terreiro* i gcathair Salvador amháin agus nach bhfuil ann ach líon teoranta *Orixás*, tá ciall leis sin. Ach tá neacha eile i saol eile mhuintir an *Candomblé*: *Exús* agus *Caboclos*.

Creideann muintir an *Candomblé* gur anall ón Afraic a tháinig na *Orixás*. Thaistil na *Orixás* trasna an Atlantaigh i gcuideachta na nAfracach a tugadh go dtí an Bhrasaíl mar sclábhaithe, le go mbeadh cosaint agus cúnamh ón saol eile ag na hAfracaigh ar an mór-roinn nua. Ach nuair a tháinig na hAfracaigh seo i dtír ar chóstaí Mheiriceá Theas thuig siad láithreach go raibh saol eile ann cheana féin - saol eile na mbundúchasach.

Nuair a tháinig an *Candomblé* agus na reiligiúin Afra-Bhrasaíleacha eile chun cinn mar chreidimh mheasctha i dtús ré na sclábhaíochta, tógadh neacha ó shaol eile na mbundúchasach isteach sa mheascán. '*Caboclos*' a tugadh orthu, 'Daoine ón bhForaois Mhór'. Creidtear go mbaineann na *Caboclos* leis an mBrasaíl amháin. Mar shampla, cé gur aimsigh

Bruno mo chuidse *Orixás*, mhínigh sé dom nach bhfuil aon *Caboclos* agam, toisc nár rugadh sa Bhrasaíl mé.

Tá iliomad *Caboclos* ann toisc gurb iad sin spioraid na mbundúchasach a mhair (agus a mhaireann) sa Bhrasaíl. Níl aon lancaisí orthu mar sin teacht i láthair níos minicí ná na *Orixás* - rud a dhéanann siad go rialta, agus gan choinne.

Mar gheall ar neacha ón saol eile a bheith ag glacadh seilbhe ar a cholainn a chuaigh Bruno isteach sa *Candomblé* an chéad lá riamh.

'Bhíodh tinnis cinn uafásacha aige nuair a bhí sé ina dhéagóir agus mhothaigh sé spioraid ag glacadh seilbhe air,' a mhínigh Naná, a mháthair, dom tráthnóna amháin.

Ní bhaineann Naná ná duine ar bith eile i dteaghlach mhuintir Reis leis an *Candomblé* go gníomhach, ach tá deirfiúracha ag Naná a bhaineann. Dúirt duine acu seo léi gur cheart di Bruno a thabhairt chuig Pai- nó *Mãe-de-Santo*.

'Chuaigh mé chuig *Mãe-de-Santo* le Bruno ansin agus mhínigh mé an scéal di. Dúirt sise liom gurb é cinniúint Bruno dul isteach sa *Candomblé* agus a bheith ina *Pai-de-Santo*. Chuaigh sé isteach sa *Candomblé* nuair a bhí sé cúig bliana déag d'aois. Seacht mbliana ina dhiaidh sin bhí sé ina *Pai-de-Santo* é féin.

Tá meas ar ghairm an *Pai-* nó *Mãe-de-Santo* i measc an phobail Afra-Bhrasaíligh, fiú i measc daoine nach mbaineann leis an *Candomblé* go díreach. Socraíodh go dtabharfaí an teach inar fhás Naná agus a deirfiúracha aníos sa *Cidade Baixa* do Bruno le go bhféadfadh sé a *terreiro* féin a thógáil ann. Tá deirfiúracha Naná agus a gclann ar na baill is gníomhaí in *terreiro* Bruno agus is cuairteoir rialta í máthair Naná.

Nuair a chuaigh sé isteach sa *Candomblé* 'réitíodh' Bruno do na *Orixás*, na *Caboclos* agus na *Exús* a ghlacann seilbh ar a cholainn agus ar a cheann. Déanann siad sin go rialta - ach ní chuireann sé eagla ná tinneas cinn ar Bruno a thuilleadh.

Tá Giramundo - 'Casann-sé-an-domhan' a chiallaíonn a ainm - ar dhuine de na *Caboclos* a thagann ar cuairt chuig Bruno go rialta. Míníonn Paulo, an drumadóir, gur tháinig Giramundo i láthair gan choinne an mhaidin sin agus gur ghlac sé seilbh ar cholainn Bruno. Níl aon neart air seo ag an té a dtarlaíonn a leithéid seo dó agus caithfidh sé fanacht go dtí go n-imíonn an *Caboclo* nó an *Exú* as a stuaim féin. Ach cuirtear fáilte mhór roimh na cuairteanna seo sna *terreiros*. Glactar leis go mbíonn rud éigin fiúntach le rá ag na teachtairí seo as an saol eile agus tuigeann muintir an *Candomblé* go gcaithfidh neach ón saol eile colainn duine dhaonna a fháil ar iasacht le go mbeidh siad in ann a gcuid teachtaireachtaí a roinnt leis an bpobal.

Tá difear bunúsach eile idir na *Orixás* a thagann i láthair ag na searmanais eagraithe agus na neacha eile a thagann i láthair nuair a roghnaíonn siad féin é. Ní féidir le *Orixás* labhairt: ní thugann siad leo ach fuinneamh cumhachtach spioradálta. Is lú den fhuinneamh seo atá ag *Exús* agus *Caboclos* ach tá siad in ann labhairt. Ní hamháin sin, ní bhíonn srian lena gcuid cainte.

Bíonn dúil mhór i dtobac agus i ndeoch láidir acu freisin. Ní raibh Giramundo ach tagtha i láthair agus thosaigh sé ag éileamh todóg agus biotáille. Cuireadh duine de phobal an *terreiro* go dtí an siopa chun buidéal *cachaça* agus todóga a cheannach. Ní maith an rud é nithe a shéanadh ar neacha ón saol eile scun scan, ach déanann muintir an *terreiro* iarracht srian éigin a choinneáil le dúil na *Exús* agus na *Caboclos* in earraí luachmhara - ní bhíonn tuiscint acu ar airgead.

Scaip an scéal go raibh Giramundo tagtha ar cuairt tríd an gcomharsanacht ar luas lasrach. Roimh i bhfad bhí scuaine bheag cuairteoirí ann, agus ceisteanna acu ar an *Caboclo*. D'fhreagraigh sé iad ar fad go fonnmhar.

Go deimhin d'fhreagair Giramundo an cheist a bhí agamsa ar Bruno, cé nár chuir mé riamh í: an mbeadh sé ceart go leor dá gcuirfinn agallamh air, agus an bhféadfainn searmanas de chuid an *Candomblé* a scannánú oíche éigin.

'Hé,' a dúirt Giramundo liom gan choinne. 'Nach tusa fear an… an…?'

Rinne sé gluaiseacht láimhe in aice lena cheann amhail is go raibh sé ag casadh ar roth beag.

'Ceamara?' a d'fhiafraigh mé.

'Sin é. Déarfaidh mé le mo phiteog bheag go gcaithfidh sé ligean leat.'

Chas Giramundo an roth samhlaíoch in aice lena cheann arís. Ní bhíonn focail nua-aimseartha ag na *Caboclos* ach ní shin é an t-aon rud a sheasann amach faoina gcuid cainte. Labhraíonn siad Portaingéilis mar a labhraítear sna ceantair is iargúlta í, le blas láidir bundúchasach.

Chomh maith leis sin, is sa tríú pearsa a thagraíonn siad do na daoine a bhfuil seilbh glactha acu ar a gcolainn, agus ní bhíonn aon leisce orthu spochadh astu. Bhí Giramundo ag tagairt do Bruno de shíor mar 'mo phiteog bheag'.

Ba chúis mhór gháire é seo agus na rudaí eile a dúirt Giramundo faoi Bruno dá raibh i láthair. Is é an *Pai-de-Santo* an t-údarás is airde sa *terreiro*, duine a gcaithfear ómós a thabhairt dó agus éisteacht leis. An greann a bhaineann *Caboclos* agus *Exús* as daoine, laghdaíonn sé an t-ualach orthu.

Ach fad is a bhí an deoch á caitheamh siar ag Giramundo, ag líonadh a scamhóg le deatach agus ag spochadh as Bruno, is í an cheist a bhí agam ná: cá raibh Bruno féin?

Arís eile, d'fhreagair Giramundo an cheist gan í a chur in aon chor, amhail is gur mhothaigh an *Caboclo* go raibh an cheist san aer. D'éirigh Giramundo óna chathaoir chompordach agus sheas sé i lár na cistine, leathchois faoi agus a lámha trasna ar a chéile. D'fhan sé ina sheasamh mar sin ar feadh nóiméid sular labhair sé.

'Ní bheadh gnáthdhuine a d'ólfadh an méid *cachaça* agus atá ólta agamsa ó mhaidin in ann fanacht ina sheasamh ar chos amháin mar seo fiú ar feadh soicind,' a dúirt sé sa deireadh. 'Níl aon tionchar ag an deoch atá mise ag ól ar chorp Bruno atá ar iasacht agam. Ná ní dhéanfaidh an toit atá mise ag análú isteach aon dochar dá chorp ach an oiread. Glaoim piteog ar Bruno ach tá grá mór agam dó. Nuair a imeoidh mé ar ball ní bheidh a fhios aige céard a tharla. Mothóidh sé rud beag éadrom sa cheann agus beidh oraibhse insint dó céard a tharla.'

Dúirt Giramundo rud eile ar thug mé suntas dó. Thagair sé domsa cúpla babhta mar 'an buachaill ón saol eile'. An Eoraip a bhí i gceist aige ar ndóigh, nó pé áit sa domhan neamhBhrasaíleach. Rith sé liom gur bhain mise leis an saol eile dar le Giramundo chomh mór céanna agus a bhain Giramundo leis an saol eile dar liomsa. Pé scéal é, d'fhan 'an buachaill ón saol eile' liom mar leasainm in *terreiro* Bruno ó shin.

Nuair a bhí sé in am baile ag Nilton agus agam féin, ní raibh aon chosúlacht ar an scéal fós go raibh fonn ar Giramundo imeacht. Bhí tuilleadh daoine ag teacht isteach ón tsráid le tuilleadh ceisteanna agus bhí caint ar bhuidéal eile *cachaça* a fháil. Bhí orainne imeacht; níl sé sábháilte bus a thógáil ón gceantar ina bhfuil *terreiro* Bruno lonnaithe tar éis luí na gréine. Níor éirigh liom agallamh a chur ar Bruno, ach ba é an chéad uair é ar chuir mé agallamh ar neach ón saol eile.

SARAPATEL

Sarapatel. Ceann de na béilí is traidisiúnta in Bahia. Bia ó aimsir na sclábhaíochta. Meascán bruite de na codanna ar fad den fheoil nach mbíodh dúil ag lucht an tí mhóir, na daoine geala, iontu. Crúba, inníní, inchinní, fuil: tar éis dóibh an lá a chaitheamh ag sclábhaíocht os cionn an tsoirn i dteach an fhir ghil bhí cead ag na cócairí agus na searbhóntaí gorma an fuíoll feola seo a thabhairt abhaile agus é a réiteach dá gcéilí agus dá gclann, a bhí tar éis an lá a chaitheamh ag gearradh cána siúcra sa teas ifreannda.

Le piobair dhearga, oinniúin agus fiuchadh fada bhí mná gorma na linne in ann blas éigin a thabhairt don fheoil a chaith an fear geal i leataobh. Agus bhí cothú ann. Bhí an fuíoll feola chomh lán sin de phróitéin gur choinnigh sé na sclábhaithe breá láidir.

Níor athraigh na nósanna cócaireachta nuair a tháinig deireadh leis an sclábhaíocht. Breathnaíonn pobal gorm Bahia ar *Sarapatel* mar a bhreathnaíodh muintir Chorcaí ar chrúibíní fadó: le bród agus le huisce ina mbéal. Chomh maith leis sin, tá fuíoll feola chomh saor agus a bhí riamh.

'Tháinig miasa mar seo anuas chugainn trí na glúnta,' a deir Naná. 'Bia ár sinsear atá ann. Beathaíonn sé muid ar dhá bhealach. Beathaíonn sé an corp ach beathaíonn sé an spiorad freisin.'

Táimid cruinnithe le chéile i gcistin bheag mhuintir Reis, mé féin, Nilton, Naná, Leia, mac Leia, Iago, agus a deirfiúr Val. Táimid ag ithe *caruru*, béile traidisiúnta na hAoine, agus béile daor: téann bunábhair chostasacha ar nós cloicheán, cnónna caisiú agus go leor ola *dendê* ann. Is í an Aoine lá Oxalá agus déantar an *caruru* in ómós dó. Ach féadfar rud ar bith a ithe ar an Satharn agus tá Naná ag bagairt *sarapatel* a dhéanamh - in ómós domsa.

'Beidh boladh uafásach ón bhfuíoll feola nuair a bheidh tú á mheascadh,' a deir Nilton. 'Ach cuirfidh sé iontas ort cé chomh blasta is a bheidh sé nuair a bheidh sé bruite.'

'Nuair a bheidh mise á mheascadh?' a fhiafraím.

'Ar ndóigh! Ní bhainfidh tú an sult céanna as mura bhfeiceann tú na hábhair uile ag dul isteach.'

Tá dúil ar leith ag muintir na Brasaíle i bhfeoil. Ní sa bhlas amháin. Is breá leo a bheith ag plé le feoil: a bheith á gearradh, á cuimilt, á róstadh. Go tobann tá orm smaoineamh ar mo chara Brasaíleach Raul, é ina sheasamh os comhair teach a dhearthár an lá roimh lá a bhainise agus leathchaora (a bhí le róstadh lá na bainise) á ardú aige le go dtógfaí grianghraf de féin leis an gcaora. Ní fhaca mé meangadh gáire chomh leathan riamh, ach ní fada uaidh meangadh Nilton agus Naná ar an ócáid seo.

'Bíodh ina mhargadh mar sin,' a deir Naná. 'Cabhróidh tusa liom leis an *sarapatel* amárach.'

Tá súil agam go dtarlóidh míorúilt, míorúilt a thabharfaidh ar Nilton agus ar Naná dearmad a dhéanamh ar an drochphlean seo. Tarlaíonn rud éigin, cé nach dtabharfainn míorúilt air go díreach.

San ardtráthnóna, nuair atá Nilton imithe ar an ollscoil, téimse chuig an ionad aclaíochta le súil go ndéanfaidh mé dearmad ar an bhféasta feola atá beartaithe don lá dár gcionn. Féasta a mbeidh ról lárnach agamsa ann nach bhfuil mé á iarraidh, ach ní bean í Naná a ndiúltaítear di.

Agus mé ag ardú na meáchan déanaim iarracht an taobh dearfach den rud ar fad a fheiceáil. Cén chaoi ar féidir liom a rá go bhfuil mé 'down' leis an duine gorm mura bhfuil mé sásta an bia céanna a ithe agus a itheann sé féin? Nach léireoinn an dímheas céanna agus a léirigh lucht an tí mhóir fadó nuair a dhiúltaigh siad don chineál seo bia? Ba cheart dom a bheith buíoch as an bhfuíoll feola, a deirim liom féin. Cuirfidh sé matáin ormsa mar atá ar na fir théagartha in ionad aclaíochta Cláudio. Leis sin, cuirim dhá dhiosca eile meáchain ar an mbarra.

Tá tart an domhain orm nuair a fhágaim an t-ionad aclaíochta agus ceannaím cnó cócó i siopa beag torthaí in Macaco ar mo bhealach abhaile. Tá aithne ag fear an tsiopa orm faoin am seo.

'Cnó cócó agus cúig bhanana. An osclóidh mé an cnó cócó duit?'

Tugaim nod dó. Beireann fear an tsiopa ar scian ghéar leathan agus baineann sé an barr den chnó cócó in aon bhuille tomhaiste amháin. Síneann sé an cnó cócó oscailte chugam agus caithim siar an leacht atá ann in aon iarraidh amháin. Tugaim an cnó ar ais dó, briseann sé ina phíosaí é agus isteach i mála leo, leis na bananaí. Tá mé chun *cuzcuz* a dhéanamh le feoil an chnó cócó sa bhaile ar ball. Beidh sé réidh faoi am a bheidh Nilton ar ais.

Tá mé leathbhealach abhaile nuair a thugaim faoi deara gur fhág leacht an chnó cócó blas aisteach i mo bhéal. Ní tada é, a deirim liom féin, níl ann ach go raibh mé ag traenáil go ródhian. Ach ar ais sa teach, nuair a bhainim an fheoil as an gcnó cócó briste, tugaim faoi deara go bhfuil boladh aisteach, cineál bréan ón bhfeoil bhán. Caithim isteach sa bhruscar é. Beidh *cuzcuz* gan chnó cócó againn anocht, mar sin.

An oíche sin, dúisím le pian uafásach i mo ghoile. Tá mé báite i mo chuid allais féin. Níl ann ach a dó a chlog ar maidin, tá Nilton ag srannadh go sona le mo thaobh. Déanaim iarracht titim i mo chodladh arís, ach níl aon mhaith ann. Tá mé dúisithe go hiomlán, agus is maith sin, mar go gcaithfidh mé rith chuig an leithreas gach deich nóiméad.

Níl aon fheabhas orm ar maidin. Ólaim tae agus ithim cúpla craicéir, ach ní fhanann rud ar bith istigh. Téim ar ais ar an leaba agus tosaím ag brionglóideach, cé go bhfuil mé i mo dhúiseacht. Tromluí lae atá ann, tromluí faoin dochtúir, faoi mo shaol sa favela.

Shíl mé gur smaoineamh iontach a bhí ann, bogadh chuig bruachbhaile bocht sa Bhrasaíl agus maireachtáil cosúil le Nilton, le go dtuigfinn cárbh as do ghrá mo shaoil. Smaoineamh iontach a bhí ann ach ní raibh mé ag brath ar bhreoiteacht agus ar thinneas. Tá mo dhóthain feicthe agam den chóras sláinte in Salvador gurbh fhearr liom fanacht i mo leaba, ag crith le fiabhras, ná aghaidh a thabhairt ar ionad sláinte.

Tráthnóna amháin sa Mhárta, cúpla seachtain sular ith mé an cnó cócó lofa, ghlaoigh Naná orm le fón póca Nilton. Bhí práinn ina glór.

'Aimsigh cárta aitheantais Nilton agus bí ag doras bhur n-árasáin i gceann nóiméid. Tá Nilton tinn, táimid ar an mbealach chuig an ionad sláinte i dtacsaí.'

Ní raibh Nilton ach imithe síos ar cuairt chuig Tony sa Loteamento. Ní raibh rud ar bith cearr leis nuair a d'fhág sé an t-árasán thart ar dhá uair an chloig roimhe sin. D'aimsigh mé a chárta aitheantais, tharraing mé éadaí orm féin agus rith mé amach an doras. Bhí an tacsaí ag fanacht os comhair an tí cheana féin.

Chonaic mé láithreach i súile Naná gur rud dáiríre a bhí ann. Léim mé isteach ar an gcúlsuíochán in aice le Nilton, a rug ar mo lámh agus a thosaigh ag caoineadh. Bhí a lámh féin fuar agus ar crith. Ní raibh sé in ann labhairt. D'imigh an tacsaí leis ar luas ard, síos go dtí an t-ionad sláinte in Pernambués, an chéad bhruachbhaile bocht eile. Tá oiread den droch-cháil ar ionad sláinte Tancredo Neves féin go seachnaíonn go leor de mhuintir na háite é, má bhíonn an t-airgead acu íoc as an turas go Pernambués.

Mhínigh Naná go raibh Nilton ag breathnú ar scannán le Tony go sona sásta nuair a tháinig mearbhall aisteach air go tobann. D'éirigh sé chun gloine uisce a ól agus mhothaigh sé pian aisteach ina ucht agus ina ghéaga, mar a bheadh na mílte snáthaidí beaga ag polladh a chraicinn. Chuaigh sé abhaile agus tháinig fanntais air.

Tharraing an tacsaí isteach ag ionad sláinte Pernambués. Foirgneamh íseal bán a bhí ann nach dtabharfá mórán suntais dó murach an scuaine leathan a bhí ag teacht amach an doras. Tharraing mé lámh Nilton timpeall ar mo ghualainn agus shiúlamar chomh fada leis an ionad sláinte go cúramach. Rith Naná ar aghaidh ag scairteadh 'Éigeandáil! Éigeandáil! Lig do mo mhac imeacht tríd!'

Níl tuairim dá laghad agam an amhlaidh go raibh cás Nilton ní ba phráinní ná cásanna na n-othar eile a bhí ina seasamh sa scuaine taobh amuigh agus ina suí ar na binsí adhmaid taobh istigh. Bhí m'aird ar fad ar Nilton, ach as cúinne mo shúile chonaic mé fuil, géaga briste, páistí ag caoineadh agus mná ag iompar.

Bhí toradh ar thuirlingt dhrámatúil Naná san ionad sláinte. Sheas an scuaine i leataobh, ag baint lán a gcuid súl as an radharc aisteach: fear gorm de chuid an favela á iompar isteach san ionad sláinte ag *gringo*, máthair an fhir ghoirm ar bhruach chliseadh néaróg.

Bhí an t-ionad dubh le daoine. Chuir an áit beairic de chuid na bpóilíní i gcuimhne dom níos mó ná ionad sláinte. Is dócha gurb iad na barraí iarainn i bhfuinneog bheag chearnógach an chuntair sheirbhíse ba chúis leis sin, agus an garda i gculaith dhubh oifigiúil a bhí in aice le doras miotail ag bun an halla bhig.

Bhí Naná ag fuinneog an chuntar seirbhíse cheana féin, ag caint le banaltra a bhí ina suí taobh thiar de na barraí iarainn. Rinne Naná comhartha láimhe le cur in iúl go bhféadfadh Nilton teacht chuig an bhfuinneog, roimh na daoine eile sa scuaine.

Chuamar fad leis an mbanaltra, a thóg sonraí Nilton síos agus a chuir cúpla ceist ghairid air. Bhí an chuma ar an mbanaltra gurbh fhearr léi a bheith áit ar bith eile ar domhan ach san áit seo. Níor thógtha uirthi an méid sin. Bhí an áit ina zú.

'Glaofar d'ainm i gceann tamaill ghairid,' a dúirt an bhanaltra agus chomharthaigh sí don chéad duine eile druidim chun na fuinneoige.

Anois, bhí fadhb eile le réiteach againn. Bhí ar Nilton dul chuig an leithreas, ach nuair a thángamar chomh fada le leithreas na bhfear, bhí an t-aon leithreas amháin a bhí ann blocáilte agus lán uisce agus salachair, agus an t-urlár freisin. Ní fhéadfaí anáil a tharraingt ann. B'amhlaidh an scéal i leithreas na mban.

'Déanfaidh mé mo mhún i mo threabhsar mura dtiocfaidh mé ar leithreas.'

Seo Nilton i dtreo an dorais amach. Bhí orm dul ina theannta toisc nach raibh sé in ann siúl gan tionlacan. Chuamar taobh amuigh agus sheas Nilton aghaidh le balla an ionaid sláinte ag déanamh a mhúin, agus ag caoineadh ag an am céanna.

Tá seirbhísí sláinte pobail saor in aisce sa Bhrasaíl. Bhí a fhios agam go raibh siad bunúsach, ach ní raibh coinne ar bith agam leis an méid a chonaic mé in ionad sláinte Pernambués. Mar sin féin, ní raibh fearg orm, ná brón, ná mothúchán ar bith. Bhí an chuid sin de m'intinn tar éis dúnadh síos. Bhí mé ag feidhmiú go huathoibríoch, mar a bheadh meaisín. Thug mé Nilton isteach sa halla arís agus sheasamar in aice le Naná. Níorbh fhada gur oscail banaltra eile an doras ag bun an halla. Ghlaoigh sí ainm Nilton agus chuaigh mé féin, Nilton agus Naná chomh fada léi. Ach stop an garda a bhí ina sheasamh in aice leis an doras muid.

'Níl cead isteach sa taobh seo ach ag duine amháin le gach othar.'

Rinne mé an cinneadh go hinstinniúil.

'Naná, gabh tusa isteach le Nilton. Níl Nilton in ann labhairt i gceart agus tá eagla orm nach bhfuil mo chuidse Portaingéilise sách maith le dul ag plé le dochtúirí.'

Chuaigh Naná agus Nilton isteach san ionad timpistí agus éigeandála leis an mbanaltra. Dhún an garda an doras i m'aghaidh. Doras trom miotail a bhí ann agus ba léir gur iomaí cic a tugadh dó lena linn. Bhí fuinneog bheag bhídeach ar airde na súl. Bhí barraí miotail san fhuinneog. Tríd na barraí seo bhreathnaigh mé ar mo leannán agus a mháthair, agus í ina suí ar bhinse sa phasáiste ag fanacht ar dhochtúir. Bhí an bheirt acu ag caoineadh agus bhí Naná ag guí i nglór íseal.

Ní raibh áit ar bith le suí ar mo thaobhsa den doras. D'fhan mé san áit a raibh mé, in aice leis an doras, fiú nuair a thug dochtúir Nilton agus Naná isteach ina sheomra. Ar a laghad, bhí mé chomh fada ó bholadh bréan na leithreas ansin agus a d'fhéadfainn a bheith.

Ach níorbh é an áit ba shábháilte é le fanacht i mo sheasamh. Bhí daoine ag tarraingt ar an ionad sláinte i gcónaí agus má bhí an áit ina chíor thuathail roimhe sin, chuaigh an scéal in olcas go mór. Bhí an oiread daoine ina seasamh ag an gcuntar seirbhíse, ag béiceadh leis an mbanaltra bocht taobh thiar de na barraí iarainn, nach raibh de rogha aici ach an cuntar a dhúnadh ar fad. D'ísligh sí comhla miotail taobh thiar de na barraí iarainn de phreab. Ní raibh seirbhís ar bith ar fáil anois.

Ní raibh fágtha anois d'oibrithe an ionad sláinte ach an garda, agus bhí an garda sin ina sheasamh le mo thaobh. Air siúd a dhírigh cuid de na daoine a gcuid feirge anois, ag béiceadh in ard a ngutha gur scannal a bhí ann go raibh an t-ionad sláinte chomh trí chéile is a bhí, ach ní dúirt an garda ach nach raibh baint ar bith aigesean leis an scéal toisc go raibh sé fostaithe ag comhlacht slándála príobháideach. Ní raibh baint ar bith aige le reáchtáil an ionaid. Ba leor dó a lámh a chur ar a bhata círéibe miotail agus chúlaigh an bhuíon bheag thaghdach beagán.

Ansin, go tobann, bhí aghaidh Naná ar an taobh eile de na barraí iarainn.

'Alex, gabh tusa isteach anois ar feadh tamaill. Tá Nilton do d'iarraidh. Deir an dochtúir go mbeidh gach rud ceart go leor ach go mbeidh air leigheas a thabhairt dó anseo.'

D'oscail an garda an doras. Tháinig Naná amach agus ligeadh mise isteach.

Brú fola ard a bhí ar Nilton. B'fhaoiseamh an méid sin toisc gur cheapamar - cé nach raibh sé ráite os ard againn - gur cliseadh nó taom de chineál éigin a bhí aige. Mar sin féin bhí an brú fola an-ard. Bhí na dochtúirí chun leigheas a thabhairt dó an tráthnóna céanna, ach bheadh air fanacht go dtí go mbeadh leaba saor. D'fhan mé i mo shuí le Nilton ar feadh tamaill ar an mbinse sa phasáiste. Ach nuair ba léir go mbeadh fanacht fhada ann, dúirt mé leis go scaoilfinn Naná isteach arís. Chuaigh mé fad leis an doras agus d'iarr mé ar an ngarda mise a scaoileadh amach agus Naná a ligean isteach.

Amuigh i halla an ionaid sláinte, bhí fuinneog an chuntar seirbhíse oscailte arís ag an mbanaltra, ach bhí an scuaine níos faide ná riamh. I ndáiríre, ní scuaine a bhí ann a thuilleadh. Bhí an halla ar fad lán go béal le hothair agus a ngaolta ag lorg aire agus cúraim - ar an bpointe.

Ansin a thosaigh an trioblóid cheart. Thosaigh fear amháin i lár an halla ag béiceadh go bagrach leis an mbanaltra agus leis an gcuid eile den slua. Balcaire láidir téagartha a bhí ann. Bhí déistin air.

'Tá mé anseo le trí huaire an chloig agus níor tháinig mé chomh fada leis an gcuntar seirbhíse fós. Ach tháinig *gringo* isteach le fear eile agus scaoileadh an fear seo isteach roimh an gcuid eile againn. Tá a fhios agam go bhfuil cuma láidir orm ach tá mé i bpian mhór, tá mé ag fulaingt.'

Chuala agus thuig mé gach uile fhocal dá ndúirt an fear agus déanta na fírinne bhí trua agam dó; bhí sé anseo sular thángamar isteach agus ligeadh Nilton isteach sa scuaine roimhe. Ach ní raibh baint ar bith ag dath mo chraicinnse leis sin. Thug an bhanaltra tús áite do Nilton toisc go raibh an chuma air dáiríre go bhféadfadh sé taom croí a bheith aige nóiméad ar bith nuair a thángamar isteach.

Chuala agus thuig mé an méid a dúirt an fear ach mhothaigh mé nach raibh mé i gcontúirt mhór dhíreach. Ní ormsa a bhí an fear ag breathnú le linn a racht feirge ach ar an mbanaltra. Chomh maith leis sin, bhí mé i mo sheasamh in aice leis an ngarda. Chonaic mé cúpla duine eile sa slua ag breathnú orm ach thuig mé ón gcuma a bhí orthu nach raibh aon locht acu sin ormsa ach an oiread.

Ach nuair nach raibh aon toradh ar a racht feirge chuaigh an balcaire fir fad le fuinneog an chuntar seirbhíse. Sheas daoine i leataobh dó, a gcuid súl dírithe ar an mballa, ar an urlár, áit ar bith ach ar an bhfear féin. Rug an fear ar na barraí meirgeacha i bhfuinneog an chuntar seirbhíse agus thosaigh ag béiceadh leis an mbanaltra. Bhí an iomarca eagla ar an mbanaltra le cuimhneamh ar an gcomhla iarainn a ísliú. Léim sí siar ón bhfuinneog agus thosaigh sí féin ag screadaíl.

Ag an bpointe seo ghníomhaigh an garda. Chuaigh sé fad leis an bhfear agus bhagair sé a bhata círéibe air. Sheas an fear siar ón bhfuinneog seirbhíse agus d'ardaigh sé a lámha san aer.

'Níl mé ag iarraidh trioblóide. Ach ní chuirfidh mé suas leis seo. Ba cheart cúram a thabhairt do dhaoine de réir mar a thagann siad isteach. Níor cheart tús áite a thabhairt do dhuine díreach mar go bhfuil fear geal ina chuideachta.'

Rug an garda ar ghualainn an fhir agus thosaigh á bhrú i dtreo an dorais amach.

'Féadfaidh tú ligean liom,' a dúirt an fear. 'Tá mé ag imeacht cheana féin. Tá mo sheacht ndóthain agam den áit seo. Gabhfaidh mé chuig ionad sláinte eile agus seasfaidh mé sa scuaine ansin ar feadh trí huaire an chloig eile. Bíodh an diabhal agaibh!'

Leis sin, d'fhág an fear an foirgneamh agus b'in deireadh an scéil, a mheas gach duine. Ach amháin nárbh é deireadh an scéil é. Ceathrú uaire an chloig ina dhiaidh sin, tháinig an fear ar ais, agus an uair seo bhí beirt fhear eile in éineacht leis. Fir arda a bhí iontu a raibh an chuma orthu go raibh an dúil chéanna acu i gcorpfhorbairt agus a bhí ag an mbalcaire.

Thosaigh an fear gearr féin ag béiceadh an athuair, ach an uair seo bhí sé deacair na focail a chloisteáil. Thosaigh an slua sa halla ag rith i dtreo an dorais amach a luaithe is a chonaic siad an triúr fear. Bhí an slua - othair a bhformhór - ag screadaíl agus ag brú agus ag seasamh ar a chéile ag iarraidh éalú. Cá bhfios ach go scaoilfí urchair. Cá bhfios, go díreach, mar bhain an garda gunna as a chrios agus d'ardaigh sé san aer é. Bhí béal an ghunna dírithe ar shíleáil an ionad sláinte ag an ngarda slándála ach thosaigh an slua ag brú amach an doras a dhá oiread níos tréine. D'fhan mé féin san áit a raibh mé. Thuig mé nárbh aon mhaith dom iarracht a dhéanamh an doras a bhaint amach. Bheadh orm siúl thar an ngarda agus thar an triúr fear. Anuas air sin, bhí daoine ag titim thar a chéile ag an doras.

Thuig an triúr fear nárbh fhiú fanacht ann. Shiúil an balcaire chomh fada le doras na leithreas agus thosaigh sé á chiceáil.

'Tá an áit seo ina cac. Ina cac!'

D'fhan an garda ina sheasamh i lár an halla ag fanacht go dtí go raibh a racht feirge curtha de ag an mbalcaire. Choinnigh sé an gunna dírithe ar an síleáil i rith an ama seo ar fad. D'fhan an bheirt fhear mhóra ina seasamh san áit a raibh siad, ag fanacht ar ordú ón mbalcaire nár tháinig. Sa deireadh d'iompaigh sé agus shiúil amach an doras gan breathnú siar a thuilleadh. Lean an bheirt eile é.

'Tá glao curtha agam ar na póilíní,' a dúirt an bhanaltra leis an ngarda slándála.

De réir a chéile tháinig na hothair agus a ngaolta a bhí tar éis éalú isteach sa halla arís. Níor labhair duine ar bith mórán.

Níor thug Nilton agus Naná aon chuid den scliúchas faoi deara. Bhí cúram á thabhairt do Nilton díreach ag an bpointe sin. Ní dúirt mise rud ar bith leo faoinar tharla go dtí i bhfad ina dhiaidh sin.

Bhí an ghrian thropaiceach fós ag scoilteadh na gcloch nuair a thógamar tacsaí abhaile.

An uair seo is mise atá tinn, ón gcnó cócó. Tá an tráthnóna ann agus níl feabhas ar bith orm. Tá mé i mo luí ar an leaba ag únfairt leis an bpian i mo bholg.

'Caithfidh tú dul chuig an dochtúir,' a deir Nilton.

'Ní féidir liom,' a deirimse.

Ag troid liom féin atá mé níos mó ná leis na frídíní i mo bholg. Deir mo choinsias liom gur cheart dom dul chuig an ionad sláinte céanna a dtéann muintir na háite ann, in Tancredo Neves nó in Pernambués. Tá mé anseo sa favela chun maireachtáil le muintir an favela, tar éis an tsaoil. Ní féidir liom dul ag déanamh eisceachtaí a luaithe is atá mé rud beag tinn. 'Caithfidh tú a bheith láidir,' a deirim liom féin, ach níl mé in ann chuige. Ní féidir liom aghaidh a thabhairt ar leithéid ionad sláinte Pernambués agus mo bholg agus m'intinn sa riocht ina bhfuil siad. Tá oiread mearbhaill orm nach bhfuil smacht agam ar mo chuid smaointe agus mo chuid speabhraídí lae a thuilleadh.

'Thiocfadh leat dul chuig clinic príobháideach,' a deir Nilton.

'Tá mé ag iarraidh maireachtáil cosúil leatsa fad is atáimid inár gcónaí anseo.'

'Tá tú as do mheabhair,' a deir Nilton. 'Dá mbeadh an t-airgead agam féin rachainnse chuig clinic príobháideach freisin. Is minic a chuaigh mé chuig clinic príobháideach cheana féin. Tá ceann maith díreach in aice leis an ionad sláinte poiblí in Pernambués.'

Tá an cinneadh déanta, más ea. Cuirim éadaí orm féin agus tógaimid tacsaí go Pernambués. Mar a bhí ráite ag Nilton, tá an clinic príobháideach díreach in aice leis an ionad sláinte poiblí. Ní thuigim cén chaoi nár thug mé faoi deara é an chéad uair.

Tá an clinic príobháideach glan agus fuar. Tá an córas aeroiriúnaithe curtha i bhfad ró-ard ag lucht an chlinic. Sin, nó tá drochfhiabhras orm. Cuireann sé suaimhneas éigin ar mo choinsias go bhfuil neart daoine ag fanacht i halla an chlinic, gnáthdhaoine, muintir na háite. Istigh anseo tá suíochán ag gach duine, tá uisce fuar le fáil as meaisín; caife saor in aisce fiú amháin. Tá teilifís le scáileán leathan ar siúl ag bun an halla agus tá irisí fágtha thart do na hothair agus dá ngaolta.

Téimid chomh fada leis an gcuntar. Labhraíonn Nilton ar mo shon. Deir an bhanaltra ag an gcuntar - cuntar oscailte, níl radharc ar bharraí iarainn - go measann sí go gcaithfear aire a thabhairt dom láithreach, ach caithfear íoc roimh ré. Réitim mé féin don drochscéal, ach tagann meangadh gáire ar m'aghaidh i m'ainneoin féin nuair a chloisim céard é an táille. 80 *reais* atá ar cuairt chuig an dochtúir anseo: €32. D'íocainn

€50 ar a laghad in Éirinn ar chuairt chuig dochtúir teaghlaigh.

Bean óg chneasta atá sa dochtúir. Labhraíonn sí liom go réidh agus go soiléir.

'Tá drochnimhiú bia ort,' a deir sí. 'Rinne tú an cinneadh ceart teacht anseo mar tá go leor leachta caillte agat.'

Tugtar chomh fada le seomra príobháideach mé áit a dtabharfar leacht dom. Cuireann sé ionadh orm cá mhéad leachta go díreach atá caillte agam. D'ól mé neart tae i rith an lae - ba é an t-aon rud a d'fhan istigh - ach cuirtear lítear iomlán den leacht isteach i mo chuislí. Tugtar leigheas i gcoinne an nimhiú bia dom freisin. Tar éis uair an chloig ar an leaba ospidéil mothaím amhail is nár tharla tada.

Téimid abhaile agus téim a luí. Ní dhúisím go dtí lár an lae dár gcionn, an Satharn. Tá mé rud beag tuirseach, ach tá mé in ann ithe mar is gnáth. Tá sé ina oíche nuair a ritheann sé liom go raibh coinne againn le Naná inniu.

'Agus an *sarapatel*?' a fhiafraím de Nilton.

Leathann meangadh gáire ar a aghaidh.

'Chuireamar ar ceal inné é. Mheasamar go raibh tú tar éis do dhóthain a fhulaingt cheana féin.'

AN GLÓR ANUAS

Tá mé i mo luí liom féin ar an leaba san árasán. Tá Nilton imithe síos ar cuairt chuig a thuismitheoirí. Tá ceol soiscéalaíoch atá rud beag as tiúin ag teacht isteach tríd an bhfuinneog oscailte.

Domhnach ag deireadh Aibreáin atá ann agus tá spionn smaointeach orm. Níl ach beagán os cionn míosa fágtha agam in Tancredo Neves. Ní aireofá caitheamh an ama ar an aimsir. Tá sé chomh te céanna is a bhí an chéad lá a tháinig mé go Salvador, ag tús mhí na Nollag. Deir glór áit éigin istigh ionam féin go bhfuil cead agam a bheith réasúnta sásta le cúrsaí. Tá an chuma air go bhfuil ag éirí liom an dúshlán a chuir mé romham féin - maireachtáil i mbruachbhaile bocht - a chur i gcrích.

Chuaigh mé i gcleachtadh ar an saol in Tancredo Neves níos sciobtha ná mar a shíl mé a rachainn. Chuaigh mé i gcleachtadh ar an teas, ar an salachar, ar na ciaróga móra millteacha, ar screadaíl shíoraí na bpáistí i bhfoirgneamh an árasáin, fiú amháin.

Ghlac mé leis go bhfuil orainn a bheith sa bhaile roimh a leathuair tar éis a deich san oíche toisc nach bhfuil sé sábháilte bus a thógáil ina dhiaidh sin. D'éirigh mé dall ar an mbochtanas géar agus ar an bhforéigean, cosúil le muintir Tancredo Neves féin. Chuir radharc Francisco ag scagadh tríd an mbruscar ar an ionad dumpála pian i mo chroí an chéad chúpla uair a shiúil mé thairis. Tar éis cúpla mí, ní chuireann sé isteach orm seanfhear a fheiceáil ag sclábhaíocht mar sin a bheag nó a mhór. Cuid den saol é.

Ach tá rud amháin in Tancredo Neves nach rachaidh mé i gcleachtadh air go brách. Níl mé in ann cluas bhodhar a thabhairt dó, cosúil le muintir na háite: *A Voz do Alto*, an raidió pobail soiscéalaíoch.

'An Glór Anuas' a chiallaíonn *A Voz do Alto* agus ní fhéadfaí ainm níos oiriúnaí a thabhairt ar an stáisiún raidió seo. I dtús báire, tá an stáisiún lonnaithe go hard ar chnoc Macaco. Sa dara háit, cé gur ceadúnas raidió pobail atá sa cheadúnas atá ag *A Voz do Alto*, craolann an stáisiún ceol soiscéalaíoch agus seanmóirí de chuid eaglaisí Protastúnacha ar feadh an lae: teachtaireacht Dé á craoladh anuas ón gcnoc ar fud an favela.

Ach is é an rud is measa faoi *A Voz do Alto* ná nach féidir teachtaireacht Dé a mhúchadh. Tagann *An Glór Anuas* chugat trí challaire is tríocha atá feistithe go hard i bpollaí leictreachais agus solais Tancredo Neves.

Tosaíonn an ceol soiscéalaíoch ag leathuair tar éis a naoi ar maidin agus leanann sé ar aghaidh go dtí meán lae, nuair a bhíonn briseadh ag foireann *A Voz do Alto*. Ach bíonn siad ar ais ag a dó tráthnóna agus craolann siad go dtí a sé a chlog, nuair a chuirtear deireadh le craoladh an lae le seanmóir agus paidir.

Ar ndóigh, ba cheart spás a thabhairt do chúrsaí creidimh ar na haerthonnta. Níl aon rud mícheart le craoltóireacht reiligiúnda *per se*. Craolann RTÉ Clog an Aingil gach uile lá, tar éis an tsaoil. Ach is féidir leat RTÉ1 a mhúchadh, agus níl i gClog an Aingil ach nóiméad in aghaidh an lae pé scéal é. Anuas air sin, baineann Clog an Aingil le creideamh mhórchuid mhuintir na hÉireann.

Ní féidir *An Glór Anuas* a mhúchadh; tá sé ar siúl an lá ar fad nach mór. Níos tromchúisí fós, ní bhaineann an stáisiún le creideamh mhórchuid mhuintir na háite. Is Caitlicigh agus baill den *Candomblé* iad formhór na ndaoine in Tancredo Neves, cé go bhfuil líon na ndaoine atá ag freastal ar na teampaill Phrotastúnacha ag dul i méid go sciobtha, mar atá ar fud na Brasaíle.

Is í an Bhrasaíl an tír leis an daonra Caitliceach is mó ar domhan i gcónaí, ach níl ach tír amháin ar domhan ina bhfuil an Protastúnachas soiscéalaíoch ag fás níos tapúla ná sa Bhrasaíl: Uganda. De réir fhigiúirí an daonáirimh, ní raibh ach 4.8 millún Protastúnach sa Bhrasaíl sa bhliain 1970, nó 5 faoin gcéad den daonra. Sa bhliain 2000 - an bhliain dheireanach a bhfuil staitisticí daonáirimh ar fáil - bhí os cionn 26 milliún Protastúnach sa Bhrasaíl, nó 15.4 faoin gcéad den daonra. D'ardaigh an luas ag a bhfuil muintir na Brasaíle ag tréigean an Chaitliceachais agus ag dul leis an bProtastúnachas soiscéalaíoch go mór idir 1991 agus 2000. Má leanann an fás soiscéalaíoch ar aghaidh ar an luas céanna, meastar go mbeidh 50 faoin gcéad de mhuintir na tíre ina bProtastúnaigh faoin mbliain 2022.

Is iomaí cúis atá leis an iompú creidimh seo, ach tá an stíl láidir sheanmóireachta agus an íomhá a chruthaíonn na heaglaisí soiscéalaíocha gur ar thaobh na cosmhuintire atá siad ar na cúiseanna is tábhachtaí.

Tá seasamh na Vatacáine maidir le cosmhuintir Mheiriceá Theas ag cur leis an scéal seo freisin. Measann go leor tráchtairí ar chúrsaí creidimh sa Bhrasaíl go ndearna an Eaglais Chaitliceach botún ollmhór nuair a thug an Vatacáin droim láimhe do Dhiagacht na Saoirse, sruth radacach san Eaglais Chaitliceach a bhí ar son chearta na cosmhuintire agus a raibh lucht leanta mór aige i measc na sagart Caitliceach i Meiriceá Theas. Ba é an fear a thug an buille deiridh do Dhiagacht na Saoirse ná an Pápa reatha, Beinidict XVI.

I measc na bpobal is boichte is treise atá an ghluaiseacht shoiscéalaíoch ag fás - an chosmhuintir chéanna ar throid sagairt Chaitliceacha ar son a gceart sna 1970í.

Tá seacht dteampall ar phríomhshráid an Loteamento, sráid atá 200 méadar ar fad. Séipéal Caitliceach atá i gceann amháin acu - an ceann is mó - ach teampaill Phrotastúnacha de gach uile chineál atá sna cinn eile, teampall de chuid Finnéithe Iáivé agus an *Assembléia de Deus* ('Tionól Dé') ina measc.

Tá an dá eaglais Phrotastúnacha is mó sa chomharsanacht taobh amuigh den Loteamento. In Arvoredo, timpeall an chúinne ón árasán againne, tá an Eaglais Bhaisteach, an eaglais a dtéann Leia agus a deirfiúr Val le Iago, nia Nilton. Ach thuas ar chnoc Arenoso, taobh thiar de Anjo Mau, atá an teampall is mó a mheallann creidmhigh sa chomharsanacht: *Igreja Universal do Reino de Deus*.

Cás ar leith is ea Eaglais Uilíoch Ríocht Dé, nó an Igreja Universal, mar a thugtar ar an eaglais seo i mbéal an phobail.

Sa bhliain 1977 bhunaigh fear gnó as Rio de Janeiro, Edir Macedo, a eaglais féin, bunaithe méid áirithe ar fhealsúnacht na n-eaglaisí Cincíseacha a bhí ag leathadh i Meiriceá Thuaidh. Amuigh faoin spéir a thosaigh Macedo ag craobhscaoileadh a shoiscéil - 'Soiscéal an Rathúnais' mar a thugtar air san Igreja Universal - ach tar éis cúpla mí bunaíodh an chéad teampall, i mbeairic mhór i mbruachbhaile de chuid Rio de Janeiro.

Sa lá atá inniu ann, meastar go bhfuil idir deich agus cúig mhilliún déag Brasaíleach ina mbaill den Igreja Universal. Tá eaglais Edir Macedo gníomhach i 115 thír ar fud an domhain, Éire san áireamh. Tá teampaill de chuid an Igreja Universal i nGort Inse Guaire, Co. na Gaillimhe, agus i mBaile Átha Cliath.

Bhí an Igreja Universal conspóideach ón tús. Sa chéad áit, tá smacht ag an Igreja Universal ar cheann de na gréasáin náisiúnta teilifíse is mó sa Bhrasaíl, TV Record. Sa dara háit, déantar ionsaithe fíochmhara ar chreidimh eile le linn sheirbhísí an Igreja Universal, ar na creidimh Afra-Bhrasaíleacha ach go háirithe.

Ach is í an tsaint fhuarchúiseach a chuirtear i leith an Igreja Universal an chúis is mó go mbaineann oiread conspóide leis an eaglais seo sa Bhrasaíl. Chuirfeadh teampaill an Igreja Universal slabhra bialann i gcuimhne duit. Tá siad ar fad deartha ar an mbealach céanna: dath uachtair ar na ballaí, lógó an cholúir bháin sa chroí dearg os cionn an dorais, sraitheanna móra de chathaoireacha saora plaisteacha taobh istigh. Taibhsítear go follasach litreacha móra neon 'Pare de Sofrer' ('Éirigh as an bhFulaingt') agus 'Jesús Cristo É O Senhor' ('Is É Íosa Críost An Tiarna') ar na ballaí agus ar chomharthaí arda in aice leis an tsráid, cosúil leis na cinn a d'fheicfeá taobh amuigh de mhóstáin Mheiriceá.

Ní haon ionadh é go bhfuil tionchar mór ag na focail seo ar bhochtáin na Brasaíle, an sciar den phobal is lú a bhfuil oideachas orthu.

Dar le Nilton agus go leor de na Brasaíligh eile ar labhair mé leo faoin Igreja Universal, déanann an easpa oideachais sin níos éasca é don Igreja Universal teacht i dtír ar an sciar is boichte den daonra. Níl an slánú a ghealltar san Igreja Universal saor in aisce: tá ar na baill 10 faoin gcéad dá n-ioncam míosúil ar a laghad a thabhairt don eaglais agus cuirtear brú orthu níos mó ná sin a thabhairt.

Níl aon áireamh ar líon na gcásanna calaoise atá tugtha go dtí seo i gcoinne Edir Macedo, bunaitheoir an Igreja Universal, ach níor ciontaíodh riamh é.

Is cuimhin liom an chéad uair ar thug mé suntas do *A Voz do Alto*. Tús mo ré in Tancredo Neves a bhí ann. Bhí mé i mo luí ar an leaba agus don tríú nó don ceathrú huair an lá sin chuala mé amhrán cráifeach a chuir amhrán 'gospel' Meiriceánach i gcuimhne dom. Mar bharr ar an mí-ádh ní raibh smacht rómhaith ar na nótaí ceoil ag an mbean a bhí ag casadh an amhráin.

'Cén duine dár gcuid comharsana atá ag casadh an cheoil áiféisigh seo?' a d'fhiafraigh mé de Nilton.

Bhí sé tugtha faoi deara agam roimhe sin go raibh comharsa againn a bhí tugtha go mór do Céline Dion.

'Cén ceol?' a d'fhiafraigh Nilton díom.

'An ceol úd, *"Reina Jesús, Reina Jesús…"*, nach gcloiseann tú é?'

'Ní chloisim,' a dúirt Nilton.

D'éirigh mé ón leaba agus sheas mé os a chomhair. Thosaigh mé ag canadh an phoirt a bhí mé ag cloisteáil agus ag croitheadh mo lámh san aer mar a bheadh stiúrthóir ar chór.

'Reina Jesús, Reina Jesús, Reina Jesúhúhús…'

Thosaigh Nilton ag gáire.

'Níl duine ar bith ag canadh, sin *A Voz do Alto*!'

Ba bheag nár thit mé as mo sheasamh nuair a d'inis Nilton dom go gcraolann *A Voz do Alto* trí challairí atá feistithe in airde ar na pollaí leictreachais agus nach féidir é a mhúchadh.

'Ná bí buartha,' a dúirt Nilton. 'Tar éis cúpla lá ní thabharfaidh tú aird air. Tá *A Voz do Alto* ag craoladh le deich mbliana anuas agus ní chloisimse é a thuilleadh.'

Ba léir sin. Bhí súil agam go dtarlódh an rud céanna domsa agus go mbeinn bodhar ar gheonaíl shoiscéalaíoch gan mhoill, ach ba gheall le bheith ag fanacht ar mhíorúilt é. Níor éirigh mé bodhar ar *A Voz do Alto*. A mhalairt, d'fhoghlaim mé 'Reina Jesús' agus go leor seoda 'gospel' eile de ghlan mheabhair, in aghaidh mo thola.

Idir an dá linn, fadhb mhór phraiticiúil a bhí in *A Voz do Alto* domsa. Bhí clár fáisnéise á thaifeadadh agam do Nuacht TG4 agus bhí ceol soiscéalaíoch an raidió pobail le cloisteáil mar thionlacan le gach uile íomhá agus agallamh dár thaifead mé i rith an lae. An t-aon bhealach timpeall air, a shocraigh mé, ná cuid lárnach a dhéanamh den raidió pobail sa chlár faisnéise. Shocraigh mé agallamh a chur ar an úinéir.

Gnáth-theach cónaithe é an teach as a bhfeidhmíonn *A Voz do Alto*. Níl comhartha ar bith ar an teach dhá stór ar chnoc Macaco a thabharfadh le fios duit go bhfuil raidió pobail soiscéalaíoch lonnaithe taobh istigh.

'Duine ar bith sa bhaile?' a scairteann Nilton, a tháinig i mo chuideachta, tríd an ngeata ard iarainn atá mar dhoras ag an teach. Níl cloigín dorais ann. Tar éis tamaill, tagann fear íseal meánaosta anuas an staighre ón gcéad urlár. Tá cuma an chreidmhigh air: níl aon duine ach creidmheach soiscéalaíoch Brasaíleach a chaithfeadh léine cheart le muinchillí fada agus carbhat ina theach féin, nuair atá an teas os cionn 30°C. Tugaim suntas do dhath craicinn an fhir freisin. Seachas mé féin, caithfidh gurb é an fear seo an duine is gile in Tancredo Neves.

'Dia duit,' a deir Nilton. 'Nach tú úinéir *A Voz do Alto*?'

Tar éis comhrá fada trí bharraí an gheata, aontaíonn úinéir an raidió pobail agallamh a thabhairt dom, an Satharn ina dhiaidh sin.

Ar an Satharn sin, tá mé féin agus Nilton agus an ceamara ag an teach ag an am a bhí socraithe, ach níl radharc ar bith ar úinéir *A Voz do Alto*. Téimid abhaile tar éis leathuaire.

Cúpla lá ina dhiaidh sin, ar ais linn chuig an teach an athuair. Tá an oíche ag titim agus tá solas sa teach.

'Duine ar bith sa bhaile?' a scairtimid.

Tar éis tamaill an-, an-fhada, tagann úinéir *A Voz do Alto* anuas an staighre. Gan dabht, tá léine agus carbhat air.

'Gabhaigí mo leithscéal, a fhearaibh. Rinne mé dearmad iomlán oraibh an lá cheana.'

Ach tá an geata dúnta fós.

'A chairde,' a deir sé, tar éis tamaill, 'Tháinig athrú intinne orm maidir leis an agallamh. B'fhearr liom gan dul ar aghaidh leis.'

'Is mór an trua sin,' a deirim. 'Toisc gurb é an stáisiún raidió pobail atá anseo agat an léiriú is fearr a chonaic mé fós ar fhás dochreidte na gcreideamh soiscéalaíoch sa Bhrasaíl! D'fhéadfadh muintir na hEorpa go leor a fhoghlaim óna leithéid.'

Osclaíonn sé an geata.

Tá stiúideó *A Voz do Alto* lonnaithe i seomra beag thíos staighre, in aice leis an ngaráiste. Seo croílár ghluaiseacht na soiscéalaíoch in Tancredo Neves mar sin: seomra lán sreangán agus seantrealamh raidió. Bogann mo chroí rud beag nuair a fheicim ceirnín vinile á chasadh ar sheinnteoir ceirníní.

'An bhfuil sé sin ag dul amach ar an aer anois? An ceirnín sin?' a fhiafraím.

'Tá go deimhin,' a deir úinéir *A Voz do Alto*. 'An gcreidfeá gur mé féin atá ag casadh an cheoil seo?'

Ardaíonn sé clúdach an cheirnín go bródúil. Tá pictiúr de féin, níos óige, ar an gclúdach, é ag siúl ar thrá grianmhar agus giotár faoina ascaill. 'José Leonidas, Amhránaí Soiscéalaíoch,' i gcló ar bharr an chlúdaigh, i litreacha móra buí mar a d'fheicfeá ar cheirnín ó na 1980í.

'Cén fáth ar shocraigh tú stáisiún raidió pobail soiscéalaíoch a bhunú?' a fhiafraím de José.

Tagann meangadh gáire leathan ar aghaidh úinéir *A Voz do Alto* agus lasair ina shúile.

'Dia a dúirt liom tabhairt faoi,' a deir sé.

'Bhí mé ag obair in Santos, i ndeisceart na Brasaíle, ag an am. Lá amháin, shiúil mé suas cnoc ard atá ar imeall na cathrach, gar don trá. Bhí mé i mo shuí ansin ar feadh i bhfad, agus bhí fís agam. Níl aon fhocal eile agam le cur síos ar ar tharla. Labhair Dia liom agus dúirt sé liom an soiscéal a scaipeadh. Thug mé faoin gceol soiscéalaíoch ar dtús agus bhunaigh mé an stáisiún ina dhiaidh sin.'

Tá an t-amhrán a bhí ar siúl críochnaithe. Baineann José an tsnáthaid ón gceirnín le lámh amháin agus osclaíonn sé an maidhc leis an lámh eile. Lasann solas dearg. Cuireann sé a mhéar lena bheola. Táimid ar an aer.

'Beannacht Dé oraibh ar fad! Seo *A Voz do Alto*, raidió pobail Tancredo Neves, ag craoladh beo ar fud an cheantair. Tá *A Voz do Alto* ar do thaobhsa agus ar thaobh Dé! Tugaimid eolas agus sólás duit ar feadh an lae! Beidh tuilleadh ceoil againn anois ach beimid ar ais gan mhoill. Go mbeannaí Dia dhaoibh.'

Tá an ceirnín athraithe agus an tsnáthaid curtha ag an traic ceart aige le linn dó a bheith ag labhairt. Lena gruaig bhán ghearr, a spéaclaí agus a ghlór údarásach cuireann sé SBB i gcuimhne dom - leagan soiscéalaíoch de SBB! Múchann an solas dearg.

'An raibh sé deacair ceadúnas a fháil chun stáisiún mar seo a bhunú?'

Seo an cheist is mó a theastaíonn uaim a chur. Ní féidir liom a shamhlú
go dtabharfaí cead oifigiúil do stáisiún raidió reiligiúnda nach féidir a
mhúchadh i dtír ar bith ina bhfuil scaradh idir an stát agus an
creideamh, mar atá sa Bhrasaíl.

'Ní raibh sé éasca. Níl gach duine ina fhábhar, déarfaidh mé sin leat.
Ach bhí ceadúnas ar fáil chun stáisiún raidió pobail a bhunú in
Tancredo Neves agus muidne a fuair é. Is raidió pobail muid. Cuirimid
eolas úsáideach ar fáil don phobal: eolas faoi imeachtaí, faoi phoist atá
ar fáil go háitiúil, eolas ó na húdaráis. Leis sin, líonaimid na
coinníollacha. Ach is é an ceol soiscéalaíoch ár rogha ceoil agus
craolaimid paidreacha sa traidisiún soiscéalaíoch.'

'An bhfuil baint ag *A Voz do Alto* le heaglais shoiscéalaíoch ar leith?'

'Níl. Táimid thar a bheith cúramach faoi sin. Táimid faoi chomaoin ag
na heaglaisí soiscéalaíocha ar fud an cheantar agus cuirimid ár gcuid
seirbhísí ar fáil dóibh ar fad. Ach stáisiún raidió pobail neamhspleách
muid. Níl smacht ag aon eaglais ar leith orainn. Dá mbeadh, bheimis
ag sárú rialacha an cheadúnais againn.'

Tuigim. Ní féidir le stáisiún raidió a bheith faoi anáil eaglaise aonair,
ach ní fadhb ar bith é má bhíonn stáisiún raidió pobail faoi anáil láidir
ghrúpa eaglaisí.

De réir reachtaíocht na Brasaíle, tá cosc ar eagraíochtaí reiligiúnda
seilbh a bheith acu ar eagrais de chuid na meán cumarsáide. Mar sin
féin, tá an dara gréasán teilifíse is mó sa tír ar fad, TV Record, i lámha
an Igreja Universal. Tá na ceadúnais tarchuradóireachta réigiúnda do
TV Record, a fheidhmíonn ar fud na Brasaíle, i seilbh phearsanta
easpaig de chuid Igreja Universal, ní i seilbh na heaglaise féin. Ar an
gcaoi seo, tá tionchar díreach ag ceann de na heaglaisí soiscéalaíocha is

conspóidí ar domhan ar an dara stáisiún teilifíse is mó i dtír dhaonlathach.

Ní hin tús agus deireadh le tionchar ghluaiseacht na soiscéalaíoch ar mheáin chumarsáide na tíre. Tá nuachtáin saor in aisce á bhfoilsiú ag roinnt de na heaglaisí, an Igreja Universal ina measc. Ach tá de rogha ag an té nach bhfuil suim aige i dteachtaireacht na soiscéalaíoch gan breathnú ar TV Record agus gan glacadh leis na nuachtáin a bhíonn á ndáileadh ag na soiscéalaígh ar an tsráid. Níl an rogha sin ag muintir Tancredo Neves, atá faoi léigear fuaime ón ngluaiseacht shoiscéalaíoch gach lá beo, ar feadh an lae. Go deimhin is é *A Voz do Alto* an sampla is láidre a chonaic mé fós d'fhorlámhas ghluaiseacht na soiscéalaíoch ar na meáin chumarsáide. Deirim sin le José Leonidas, a thógann céim siar agus a chuireann a lámha san aer mar chosaint.

'Éist liom go cúramach. Is saoránach de chuid na Brasaíle mé roimh gach rud eile. Oibrím ar son Dé agus an tSoiscéil ach feidhmím laistigh de reacht dlí mo thíre.'

Ní féidir liom an méid sin a shéanadh. De réir fhriotal na reachtaíochta, níl aon dlí á shárú ag *A Voz do Alto*. Ach tá go leor ceisteanna le cur faoi mhoráltacht chur chuige an stáisiúin raidió seo - raidió pobail ach nach féidir é a mhúchadh.

Ní bheadh forlámhas na soiscéalaíoch ar sciar suntasach de mheáin chumarsáide na Brasaíle leath chomh dona murach na tuairimí fíordhiúltacha atá ag roinnt mhaith de na heaglaisí soiscéalaíocha faoi ghrúpaí áirithe sa tsochaí: lucht leanta na gcreideamh Afra-Bhrasaíleach agus daoine aeracha, gan ach dhá shampla a lua. De réir shoiscéal an Igreja Universal, mar shampla, is galar atá sa homaighnéasachas agus is deamhain iad *Orixás* na reiligiún Afra-Bhrasaíleach.

Le linn mo thréimhse in Tancredo Neves níl aon ionsaí díreach ar dhaoine aeracha, ar lucht leanta na gcreideamh Afra-Bhrasaíleach nó ar mhionlach eile nach dtaitníonn leis an ngluaiseacht soiscéalaíoch cloiste agamsa ar *A Voz do Alto*. Ní shin le rá áfach nach dtarlaíonn sé. Cibé ar bith, neartaíonn léigear fuaime leanúnach *A Voz do Alto* ar Tancredo Neves seasamh dhearcadh na soiscéalaíoch le gach uile nóiméad craolta.

Déanaim cinneadh scrúdú beag a dhéanamh ar thuairimí José Leonidas maidir leis an dream is mó a bhfuil réamhchlaontaí diúltacha ag an ngluaiseacht soiscéalaíoch ina gcoinne, pobal an *Candomblé*.

'An lá cheana, labhair mé le *Pai-de-Santo* de chuid an *Candomblé* mar chuid de mo thaighde iriseoireachta,' a deirim. 'Dúirt an *Pai-de-Santo* liom go bhfuil na heaglaisí soiscéalaíocha i gcoitinne go fíochmhar i gcoinne chreideamh a phobail siúd. Dúirt sé go spreagann na heaglaisí soiscéalaíocha dímheas agus fuath i gcoinne mhuintir an *Candomblé*.'

Arís, seasann José Leonidas siar agus ardaíonn sé a lámha os a chomhair.

'Ní ministéir soiscéalaíoch mise. Níl ionam ach úinéir stáisiún raidió pobail le dearcadh láidir soiscéalaíoch. Ní theastaíonn uaim a bheith sáite in argóint faoin gceist seo, ach déarfaidh mé an méid seo faoi. Táimidne ag obair ar thaobh Dé. Rinne muintir an *Candomblé* margadh leis an diabhal. Ní théann Dia agus an diabhal le chéile, tá a fhios ag gach aon duine an méid sin.'

Do dhuine nár theastaigh uaidh mórán a rá faoin teannas atá idir pobal na n-eaglaisí soiscéalaíocha agus muintir an *Candomblé*, dúirt sé breis is a dhóthain. Dá ndéarfadh ceannasaí ar eagras de chuid na meán cumarsáide san Eoraip a leithéid in agallamh poiblí, bhrisfí as a phost gan aon mhoill é. Tá reachtaíocht sa Bhrasaíl mar atá in Éirinn a choscann spreagadh fuatha, ach léiríonn a fhurasta is a rinne úinéir *A*

Voz do Alto ráiteas dá leithéid in agallamh poiblí cé chomh beag is atá meas daoine áirithe ar an reachtaíocht chéanna.

EXÚ

Cúpla lá i ndiaidh dúinn cuairt a thabhairt ar stiúideó *A Voz do Alto* feicim le mo dhá shúil féin díreach an leatrom gránna fíochmhar atá á imirt ag Críostaithe soiscéalaíocha áirithe ar phobal an *Candomblé*.

Tá mé féin agus Nilton ar ár mbealach chuig Bruno chun agallamh a chur air don chlár faisnéise. Ag stad an bhus againne in Tancredo Neves, téann seanbhean isteach sa bhus céanna linn. Níl aon aithne againn uirthi, ach is léir ar a cuid éadaí gur de lucht leanúna an *Candomblé* í. Tá feisteas ildaite á chaitheamh aici a chuirfeadh stíl éadaí iarthar na hAfraice i gcuimhne do dhuine. Tá scaif d'éadach daite ceangailte go teann ar bharr a cinn, a cuid gruaige i bhfolach. Tá dhá phaidrín fhada le clocha beaga bídeacha de ghloine dhaite ar a muineál in ómós dá cuid *Orixás*.

Tá os cionn trí mhíle *terreiro* in Salvador, ach ní fheiceann tú feisteas traidisiúnta an *Candomblé* sa tsráid ach go hannamh. Is í an fhírinne shearbh ná nach bhfuil ach fíorbheagán daoine in ann cur suas leis na féachaintí dímheasúla agus na maslaí a thugtar do dhaoine a thaispeánann go poiblí go mbaineann siad leis an *Candomblé*. In Tancredo Neves ar fad, ní fhaca mé riamh ach fear amháin a dhiúltaíonn scun scan éadaí Eorpacha a chaitheamh. Caitheann sé éadaí fada bána agus caipín bán in ómós dá chuid *Orixás* gach uile lá.

Caitheann Bruno féin éadaí traidisiúnta an *Candomblé* nuair is mian leis; fear ard, téagartha é nach dtabharfaí faoi é a mhaslú go héasca. Ach tagann formhór na ndaoine a fhreastalaíonn ar shearmanais Bruno chuig an *terreiro* le málaí móra spóirt ina seilbh. Athraíonn siad isteach ina gcuid feisteas traidisiúnta i seomra codlata Bruno ar an gcéad urlár. Tá sé sin níos sábháilte dóibh ná éadaí de chuid an *Candomblé* a chaitheamh ar an mbus.

Lár an lae atá ann, Dé Domhnaigh. Rud is annamh, níl an bus plódaithe. Suíonn an tseanbhean in a haonar, suíochán nó dhó romhainn. Tá an chathair ina brothall. Tá gach fuinneog sa bhus ar oscailt, ach ní thugann an ghaoth mórán faoisimh. Tá na garáistí agus na siopaí earraí tógála ar an mbealach go Uruguai ar fad dúnta toisc gurb é an Domhnach atá ann. Tá cuma níos boichte agus níos tréigthe fós ar an gcuid seo den chathair ná mar a bhíonn ar ghnáthlá.

Leath bealaigh, ag cearnóg fholamh a bhfuil comhlaí iarainn na siopaí ar fad clúdaithe le graifití garbh, tagann fear óg isteach sa bhus. Tagann sé isteach an doras tosaigh. In Salvador, bíonn ort dul isteach sa bhus tríd an doras ar chúl, áit a bhfuil cigire ticéad ina shuí. Tar éis duit an táille 2 *reais* a íoc caithfidh tú dul trí gheata ticéad teann. Ealaín ar leith atá anseo má tharlaíonn gur duine ramhar tú nó má bhíonn go leor málaí siopadóireachta á n-iompar agat. Ní cheadaítear isteach an doras tosaigh go hoifigiúil ach daoine atá os cionn seasca a cúig bliain d'aois, a bhfuil saorthaisteal acu, agus mná atá ag iompar, toisc nach mbeadh sé sábháilte dóibh dul tríd an ngeata teann.

Tá dhá dhream eile ann a bhfuil sé de nós ag gach tiománaí bus iad a scaoileadh isteach saor in aisce tríd an doras tosaigh: díoltóirí sráide agus daoine atá ag iarraidh déirce toisc go bhfuil siad tinn nó toisc go bhfuil máchail orthu. Ach tá roinnt tiománaithe bus ann a scaoileann an tríú dream isteach saor in aisce: préitséirí soiscéalaíocha a bhíonn ag seanmóireacht ar an tsráid.

Cuireann a fheisteas snasta dubh cuma an phréitséara ar an bhfear óg a
thagann isteach sa bhus againne. Níl sé ach tagtha nuair a sheasann sé i
lár an phasáiste agus ardaíonn sé Bíobla dubh ina lámh.

Níl an fear óg ach cúig bliana is fiche ar a mhéad, ach chuirfeadh
fíochmhaireacht a chuid seanmóireachta an tOirmhinneach Ian Paisley
i gcuimhne duit. Roimh i bhfad tugann sé seanbhean an *Candomblé*
faoi deara. Tagann strainc aisteach ar a aghaidh.

'Tugann cuid agaibh anseo ómós do dhéithe bréige, ní hea, do
dheamhain!'

Siúlann sé fad leis an tseanbhean.

'Níl sa *terreiro* a bhfuil tusa ag dul ann ach bothán do mhuca.'

Bagraíonn an préitséir óg a Bhíobla ar an tseanbhean. Déanann sí
iarracht neamhaird a dhéanamh de, ag breathnú amach an fhuinneog.
Tá faitíos ar gach duine sa bhus go mbuailfidh sé an tseanbhean i
ndáiríre.

'Níl ach bealach amháin chun an ruaig a chur ar na deamhain lofa atá i
do chorp, a bhean, agus sin trí Íosa Críost!'

Ní dhéanann tiománaí an bhus ná aon duine de na paisinéirí rud ar
bith. Bhí sé tugtha faoi deara agam cheana féin nach labhraíonn
muintir Salvador amach ach go hannamh nuair a tharlaíonn eachtra
mar seo go poiblí. Léiriú eile, a deir Nilton, ar an bhfaitíos leanúnach a
bhíonn ar dhaoine faoi chúrsaí sábháilteachta. Cuireann an eachtra seo
mo chuid fola féin ag fiuchadh, ach drochsmaoineamh ceart a bheadh
ann do *gringo* a ladar a chur isteach sa scéal.

Leanann an préitséir leis an drochíde, ach is láidre foighne na seanmhná. Fágann an préitséir an bus nuair is léir nach bhfuil sí chun aird ar bith a thabhairt air.

Istigh sa *terreiro* tá éadaí traidisiúnta ar Bruno; treabhsar leathan agus léine fhada leathan le patrún Afracach. Tá paidríní in ómós dá chuid *Orixá*s féin timpeall ar a mhuineál. Insím dó faoin eachtra sa bhus. Ní chuireann an méid a chonaiceamar aon iontas air.

'Sin an fáth go gcaithim éadaí mar seo go poiblí go minic,' a deir Bruno. 'Téim chuig an bpictiúrlann agus mo chulaith *Pai-de-Santo* ar fad orm, slabhraí, seodra agus gach uile shórt. Is cuma liom céard a deir daoine fúm. Ceapaim go bhfuil sé tábhachtach nach mbíonn náire orainn a thuilleadh faoinár gcreideamh, faoinár dtraidisiún. Tá sampla le tabhairt agamsa mar *Pai-de-Santo* sa phróiseas seo.'

Táimid thíos staighre sa *terreiro* féin. Tá athchóiriú á dhéanamh ag Bruno ar an bhfoirgneamh de réir a chéile. Is léir ón leagan amach atá fós air gur teach cónaithe a bhí ann roimhe seo ach tá an áit ag éirí níos cosúla le teampall gach uair a théim ann. Nuair a d'fhreastail mé ar shearmanas in *terreiro* Bruno an chéad uair ba é seomra oibre Bruno ar an gcéad urlár an áit ar tharla gach uile shórt. Bhí an seomra i bhfad róbheag chun searmanais a eagrú ann: is ar éigean a raibh spás ann do na damhsóirí, na ceoltóirí agus an lucht féachana a dhéanann an ciorcal a dtarlaíonn an searmanas ina lár. An lá a chasamar leis an *Caboclo* Giramundo, bhí orainn ar fad suí sa phasáiste thuas staighre toisc go raibh an halla nua thíos staighre lán de mhálaí gainimh agus coincréite; bhí urlár nua á leagan ann.

Anois táimid inár suí i halla nua an *terreiro*. Tá péint úr bhánghorm ar na ballaí agus tá leaca bána ar an urlár. Níl an halla nua féin rómhór ach an oiread - tá sé níos lú ná formhór na dteampall soiscéalaíocha i mbruachbhailte bochta Salvador - ach tá spás ann do thrí oiread daoine agus a bhí sa seomra thuas staighre. Tá bród ar Bruno.

'Tá *terreiro* s'agamsa ag fás, an dtuigeann tú? Tá thart ar caoga ball gníomhach i mo phobal agus tá suas le céad duine ann a thagann ó am go chéile agus atá ag machnamh ar an scéal,' a deir Bruno.

Taispeánann Bruno an chuid eile den *terreiro* dúinn. Ar chúl an halla tá cistin nua ina ndéanfar an chócaireacht do na searmanais feasta.

'Roimhe seo, b'éigean na miasa a réitítear do na *Orixás* mar ofrálacha a dhéanamh thuas staighre sa ghnáthchistin. Ní raibh sé sin sásúil,' a deir Bruno.

Tá seomra beag amháin eile in aice le halla an *terreiro*. Ní seomra é i ndáiríre ach vardrús mór. Tá sé dorcha istigh ann. Tugann Bruno chomh fada leis an seomra seo mé.

'Seo Teach *Exú*.'

Táimid tagtha chomh fada le croílár na conspóide idir an *Candomblé* agus an Chríostaíocht.

Íslíonn Bruno a cheann in ómós don *Orixá* agus baineann sé gliogar as creathadóir, uirlis álainn cheoil atá déanta as miotal airgid. Beannaíonn Bruno do *Exú* ar an mbealach traidisiúnta, in Iorubá. Síos leis ar a ghogaide sa seomra beag agus lasann sé roinnt coinnle beaga istigh ann. Tá na scálaí a chaitheann solas na gcoinnle ar bhallaí an tseomra bhig ag crith. Tá mé ag breathnú isteach thar ghuaillí Bruno, atá thíos ar a ghogaide i gcónaí, ag guí. Feicim na híomhánna a chuir oiread faitís ar na sagairt Caitliceacha san aimsir choilíneach agus a chothaíonn oiread fuatha do chreideamh an *Candomblé* i measc na soiscéalaíoch sa lá atá inniu ann.

Tá fearas de mhiotal dubh, a mheabhródh píce trífhiaclach Poseidon na Gréige do dhuine, ar dheis. Tá macasamhail *Exú*, déanta as an miotal dubh céanna, ar chlé. Tá a bhall fearga ina sheasamh. Tá pláta domhain le carn bia beannaithe fágtha mar ofráil sa lár. Tá fuil thriomaithe ar an mballa.

Ón gcéad lá a leag Críostaithe súil ar *Exú* agus a fhearais cumhachta - adharca, píce agus ball giniúna mór - deir Críostaithe gurb é *Exú* an diabhal agus gurb iad pobal an *Candomblé* lucht a adhartha. Ach is léir nach ag adhradh an diabhail atá Bruno. Tá sé ag guí ar an mbealach is dual dó.

Tá Bruno ag ligean dom a phaidir i dTeach *Exú* a thaifeadadh don chlár faisnéise atá idir lámha agam. Tá a fhios agam gur mór an phribhléid é. Tá sé deacair go leor do chriúna teilifíse cead a fháil scannánaíocht a dhéanamh in *terreiro*, gan trácht ar cheamara a thabhairt isteach i gceann de na háiteanna is rúndiamhraí agus is naofa sa *terreiro*. Tá a fhios agam go bhfuil ar Bruno cead a lorg ó na *Orixá*s gach uile uair a ligeann sé domsa ceamara a thabhairt isteach sa teampall.

Baineann Bruno gliogarnach fada as an gcreathadóir airgid atá ina lámh agus cúlaíonn sé amach as Teach *Exú*.

'An raibh sé deacair cead a fháil ó *Exú* ligean domsa an méid seo a thaifeadadh?' a fhiafraím.

'Deacair? Ní raibh ar chor ar bith. Is breá le *Exú* ach go háirithe an cineál seo ruda. Is é *Exú* teachtaire na *Orixá*s agus cineál teachtaire tusa freisin; idir muidne agus an saol eile, thall, san Eoraip. D'fhéadfá a rá gurb é *Exú Orixá* na n-iriseoirí.'

Ní hé *Exú* an *Orixá* is airde ná is cumhachtaí i ndomhan an *Candomblé*, ach thiocfadh leat a rá gurb é an *Orixá* is lárnaí é. Ní féidir teagmháil a dhéanamh leis na *Orixá*s eile gan dul tríd *Exú*. Mar sin, tosaíonn gach uile shearmanas de chuid an *Candomblé* le hofráil do *Exú*, *Orixá* na n-adharc, an phíce thrífhiaclaigh agus an bhaill ghiniúna mhóir.

Lasann an fhearg i súile Bruno nuair a chuirim ceist air faoin dearcadh atá ag go leor Críostaithe sa Bhrasaíl faoi *Exú*.

'Ní hionann *Exú* agus an diabhal. An bhfuil a fhios agat cé a chum an diabhal? An Eaglais Chríostaí féin.'

Tá dordghlór Bruno ar crith.

'Ní hann don diabhal. Istigh sna daoine féin atá an t-olc. Ní thagann sé ón taobh amuigh.'

'An píce, na hadharca - an bhfuil a fhios agat céard is brí leo? Eolas. Cumhacht.'

'An dtuigeann tú, Alex, duine ó mo chúlrasa, leis an traidisiún atá agam - ní fhéadfainn riamh a bheith i mo bhall d'eaglais Phrotastúnach nó Chaitliceach. Ní toisc nach bhfuil meas agam ar na heaglaisí seo, ach toisc gur duine gorm mé. Tá fuil ghorm i mo chuislí.'

Tá ceist eile agam le tamall le cur ar Bruno. Ó tháinig deireadh leis an sclábhaíocht sa Bhrasaíl sa bhliain 1888 níl an oiread sin feabhais tagtha ar chúinsí saoil an duine ghoirm sa Bhrasaíl. Tá cónaí ar fhormhór mór na nAfra-Bhrasaíleach i mbruachbhailte plódaithe, contúirteacha. Níl oideachas dara leibhéal ná fostaíocht le fáil ag mórán agus tá ciníochas coitianta agus forleathan. Teastaíonn uaim fáil amach cén dearcadh atá ag an *Candomblé* ar shaol an duine ghoirm sa Bhrasaíl sa lá atá inniu ann.

Tugann Bruno freagra ar an gceist nach raibh coinne agam leis.

'Dúinne, ní hann do bhochtanas, d'ioncam íseal. Is é Olorum, atá os cionn na *Orixá*s, a chruthaigh an saol seo dúinn agus táimid ag iarraidh maireachtáil leis an saol atá againn ar an mbealach is fearr atáimid in ann. Déanaimid sin le fonn agus le dínit. Mar sin, saibhreas atá sa saol seo dúinne; ní bochtanas.'

RÚN NANÁ

Maidin Domhnaigh arís, tús an Mheithimh. Tá sé a seacht a chlog ar maidin agus tá solas órga á chaitheamh ag an ngrian ar an Loteamento. Tá Iago, garmhac Naná, ag rith sall is anall ar an tsráid os comhair theach mhuintir Reis, lámha in airde, gan air ach bríste gearr. Seo tús an gheimhridh, ach táimid in Salvador, cathair nach dtiteann an teas faoi bhun 21°C riamh ann.

Tá Iago ag iarraidh ar a mháthair Leia, a aintín Val agus a sheanmháthair Naná a bheith ag spraoi leis, ach níl am acu dó. Tá seastán á chur suas os comhair an tí ag an triúr ban chun bia a dhíol. Tugann Leia amach dó nuair a thosaíonn Iago ag súgradh faoin seastán. Sa deireadh tagann Iago chugamsa agus chuig Nilton. Suíonn sé síos eadrainn ar thairseach theach na gcomharsan, ag breathnú ar gach uile shórt. Is beag a thuigeann sé gur ar mhaithe leisean go príomha atá an gnó seo ar fad ar bun.

Le tamall de mhíonna anuas tá cúrsaí airgid ag dul in olcas i dteach mhuintir Reis. Níor íoc an teaghlach meánaicmneach in Pituba an bille a bhí dlite do Naná a rinne cócaireacht dóibh le roinnt mí. Faoin am a dteipeann foighne Naná, tá sí fágtha le caillteanas de thart ar 1,500 *reais* - ioncam trí mhí. Níl aon rath ar a cuid iarrachtaí an t-airgead a fháil uathu.

Anuas air seo, tá an geilleagar domhanda tar éis an ceann is fearr a fháil ar Naná. Maidin amháin, baintear preab as muintir Tancredo Neves nuair a fheiceann siad fógraí curtha suas i bhfuinneoga na mbácús ag fógairt ardú 14 faoin gcéad ar phraghas an aráin, ó lá amháin go dtí an chéad lá eile. Tá praghsanna na gcomhábhar is coitianta a úsáideann Naná dá cuid cócaireachta - plúr, rís, feoil agus pónairí - ag ardú de shíor freisin, ach tá drogall uirthi a cuid praghsanna féin a athrú ar eagla go gcaillfidh sí na custaiméirí atá fágtha aici.

Mar bharr ar an donas, níl ag éirí le Leia, Val ná Tiago, athair Iago, post buan a fháil. Tá na fiacha ag ardú. An mhí seo caite, gearradh an t-uisce agus níor scaoil comhlacht an uisce an sconna arís go dtí go raibh dóthain airgid faighte ar iasacht ag Naná ó dhuine de na comharsana chun an bille a íoc. Nuair a bhagair comhlacht an leictreachais an rud céanna a dhéanamh lá nó dhó ina dhiaidh sin, thug mise an t-airgead di. Seachtain ó shin, cuireadh Iago abhaile ón naíonra toisc go raibh dhá mhí ann ó d'íoc muintir Reis an táille.

B'in an buille a thug ar Naná tabhairt faoina fiontar nua. Chuir sí deireadh lena seirbhís chócaireachta lóin. Ní raibh brabús ar bith á dhéanamh aici a thuilleadh. As seo amach beidh bricfeasta á dhíol ag muintir Reis os comhair an tí gach Domhnach. Tá na hábhair a theastaíonn don bhricfeasta - arbhar mine buí, cnó cócó agus casabhach - i bhfad níos saoire ná na hábhair a theastaigh do na lónta.

Oíche Shathairn a dhéanann Leia agus a deirfiúr Val an chócaireacht i gcistin mhuintir Reis, faoi shúil ghéar Naná. Tá clú agus cáil ar chócaireacht Naná ar fud Tancredo Neves. Tá súil aici go n-éireoidh léi a cuid rún a thabhairt don bheirt bhan óga ionas go mbeidh scil úsáideach saoil acu.

Tá roinnt mhaith oibre le déanamh fós. Tá an cáca *carimã* - cáca bricfeasta a dhéantar as meacan casabhaigh coipthe - róthiubh agus róthirim.

'Breathnaigh cé chomh íseal is atá sé,' a deir Naná. 'Ní bheimid in ann ach caoga *centavos* a ghearradh ar shlisín in ionad *real* iomlán.'

Ceannaímse slisín den cháca ó Leia ar *real* amháin, an praghas atá ar gach uile earra atá ar díol. Ó na rudaí ar fad a bhlais mé go dtí seo atá déanta as meacan casabhaigh, seo an rud is deise.

'Níl aon chaill air,' a deirim.

Caitheann Naná féachaint i mo threo a insíonn dom gur fearr dom teagasc na cócaireachta a fhágáil fúithi siúd.

Chomh maith leis an gcáca *carimã*, tá na miasa eile ar fad a mbeifeá ag súil leo ag bricfeasta Domhnaigh in Bahia ar díol. Tá *cuzcuz* ann (couscous milis déanta d'arbhar mine buí a itear le bainne cócó); *mungunzá* (leite déanta as arbhar Indiach bán agus bainne cócó, mias a thagann caol díreach as an *terreiro*); agus cácaí bricfeasta eile den uile chineál. Bia é a bhfuil an-tóir ag muintir Bahia air ach nach mbíonn an t-am ag mórán daoine é a dhéanamh dóibh féin sa lá atá inniu ann.

Tá Tony agus Neuza ar bheirt de na chéad chustaiméirí. Tá sé mhí ann ó bhain siad an Ardteist amach le chéile ach níl an t-athrú tagtha ar a saol a raibh súil acu leis dá bharr. Tá Tony ag obair go fóill ag an seastán irisí i lár na cathrach ó éirí go luí na gréine, sé lá na seachtaine, ar luach €120 sa mhí. Tá Neuza fós ag obair mar ghlantóir i mbanc.

'Níor éirigh liom teacht ar phost ar bith níos fearr, fiú agus an Ardteist agam,' a deir Tony.

Deirim leis go mb'fhéidir gurb é a sheoladh poist - sa favela - faoi deara easpa poist.

'B'fhéidir,' a deir sé. 'Ach an dtuigeann tú, níor mhaith liom a bheith i mo chónaí in áit ar bith eile. Is anseo a mhothaím sa bhaile. Is anseo atá mo chairde ar fad.'

Gan mhoill, tagann cuid de na cairde seo ag ceannach bricfeasta chomh maith. Pipoca, fear trí bliana is fiche a bhfuil corp agus aghaidh aige nach mbeadh as áit ar leathanaigh iris faisin ach nach bhfuil léamh ná scríobh aige. Nino, a scríobhann filíocht agus atá díreach tar éis an post a bhí aige i siopa guthán póca in ionad siopadóireachta Iguatemí a chailleadh. Léo, ar rugadh a chéad mhac dó coicís roimhe sin agus a chaithfidh aire a thabhairt dó féin, dá bhean agus dá mac leis an 500 *reais* (€160) a shaothraíonn sé in aghaidh na míosa, sa siopa guthán póca céanna.

Seo muintir Tancredo Neves. Cuid acu gan aon phost. An chuid eile ar phá suarach. Agus freagracht mhór ar roinnt acu. Cén todhchaí a bheidh ag Iago agus ag mac óg Léo?

Ach in ainneoin an bhochtanais leanúnaigh agus cheist na sábháilteachta ní dóigh liom go bhfuil aon duine a casadh orm in Tancredo Neves míshona i ndáiríre. Déanta na fírinne, is dóigh liom go bhfuil muintir Tancredo Neves níos sásta lena saol ná mar atá cuid mhór de na daoine a bhfuil aithne agam orthu san Eoraip.

Tá sé mhí caite in Tancredo Neves agam anois agus má táim ionraic liom féin is mise an t-aon duine in Tancredo Neves nach bhfuil go hiomlán ar a shuaimhneas leis an saol ann. Tá a fhios agam cuid den chúis atá leis sin, ar ndóigh. Chaith mé an chuid is mó de mo shaol in dhá cheann de na tíortha is saibhre agus is sábháilte ar domhan agus d'fhéadfainn a bheith ag súil leis go mbeadh sé deacair orm dul i gcleachtadh ar áit gan áiseanna, gan chothromaíocht, gan chrainn. Is í an cheist atá agam ná cén chaoi a bhfuil muintir Tancredo Neves féin in ann cur suas leis an áit ina bhfuil cónaí orthu. Céard é an rún?

'An rún?'

Leathann gáire ar aghaidh Naná a mheabhródh an Mona Lisa do dhuine. Táimid inár suí ar leac an dorais. Tá Leia agus Val sa chistin ag ní na ngréithre, tá Iago ag imirt le balún bándearg a thug duine de na comharsana dó. Tá ciúnas sa tsráid arís. D'oibrigh seift Naná: roimh a deich a chlog bhí an bia ar fad díolta amach agus tá 70 *reais* saothraithe ag an triúr ban; luach a íocfaidh as an mbille leictreachais míosúil nó as táille naíonra Iago.

'An rún?' a deir Naná arís tar éis di tamall fada a chaitheamh ag smaoineamh. 'Ar dtús, creideamh láidir a bheith agat agus creidiúint go bhfuilimid anseo chun forbairt, chun rud éigin a fhoghlaim sa saol seo. Sa dara háit, fios a bheith agat go bhfuil daoine eile ann i gcónaí a bhfuil an saol níos deacra acu fós. Is sólás an méid sin dúinne.'

GLUAIS

ABIÃ: Ball sóisearach in *Terreiro* de chuid an *Candomblé*.

ACARAJÉ: Bia sráide atá fíorchoitianta in Salvador; buillíní friochta de thaosrán pónairí, líonta le cloicheáin, anlann the agus sailéad.

ASSEMBLÉIA DE DEUS: Lit. 'Tionól Dé'; Eaglais Phrotastúnach Shoiscéalaíoch.

AXÉ: Stíl cheoil damhsa ropánta a tháinig chun cinn in Salvador sna 1980í.

BABALORIXÁ: Lit. 'Athair an Naoimh'; an téarma *Iorubá* do cheannaire reiligiúnda fireann sa *Candomblé*.

BAHIA: An stát Brasaíleach arb é Salvador a phríomhchathair. Úsáidtear 'Bahia' chun tagairt do chathair Salvador go coitianta freisin.

BAIANA: Bean as Bahia atá gléasta in éadaí traidisiúnta bána na mban in Bahia ; díoltóir *acarajé*.

BANTU: Cine Afracach as an gceantar ina bhfuil Angola agus an Congó suite sa lá atá inniu ann.

BLOCO: Cóisir shoghluaiste timpeall ar thrucail fuaime le linn charnabhal Salvador.

BOSSA NOVA: Stíl cheoil a tháinig chun cinn sa Bhrasaíl sna 1960í.

CABOCLO: Téarma a úsáidtear sa *Candomblé* do neach ó shaol eile na nIndiach bundúchasach sa Bhrasaíl.

CABO-VERDIANO: Lit. 'Duine ó Oileáin Rinn Verde'; leagan cainte Brasaíleach chun tagairt do dhuine gorm nach bhfuil gruaig chatach aige, ach gruaig dhíreach nádúrtha.

CACHAÇA: Biotáille náisiúnta na Brasaíle a dhéantar as cána siúcra, cosúil le rum.

CAFUZO: Leagan cainte Brasaíleach chun tagairt do dhuine ó dhúchas measctha Indiach bundúchasach agus Afracach.

CAJÁ: Toradh tropaiceach a bhfuil blas géar-mhilis air.

CAJÚ: Toradh an chnó caisiú.

CANDOMBLÉ: Reiligiún Afra-Bhrasaíleach Bahia.

CARIMÃ: Bia déanta as meacan casabhaigh coipthe.

CARURU: Bia déanta as cloicheáin, ocra, cnónna talún, cnónna caisiú agus ola *dendê* a itear go traidisiúnta ar an Aoine in ómós don *Orixá* Oxalá.

CIDADE ALTA: Lit. 'An Chathair Thuas'; an chuid sin de lár stairiúil Salvador atá tógtha ar bharr na haille a roinneann an chathair ina dhá chuid.

CIDADE BAIXA: Lit. 'An Chathair Thíos'; an chuid sin de lár stairiúil Salvador atá tógtha ag bun na haille a roinneann an chathair ina dhá chuid.

CUZCUZ: Bia a dhéantar le harbhar mine buí agus bainne chnó cócó.

DENDÊ: Ola cócaireachta a dhéantar as cnónna pailme.

EMPADA: Píóigín bheag líonta le hiasc, sicín nó feoil.

EXÚ: *Orixá* (dia) na cumarsáide, na collaíochta agus na gcrosbhóithre.

FAVELA: Bruachbhaile bocht sa Bhrasaíl. In Salvador, úsáidtear an téarma 'Favela' chun tagairt do thailte ar tógadh tithe orthu go mídhleathach ach go háirithe.

FITA: Ribín daite a cheanglaítear ar lámh dhuine in ómós don *Senhor do Bonfim*; siombail Salvador.

FON: Cine as iarthar na hAfraice, ón gceantar a bhfuil Béinín agus Tógó suite sa lá atá inniu ann.

GRINGO: Leagan cainte coitianta i Meiriceá Theas ar fad chun tagairt do dhaoine as an Eoraip, Meiriceá Thuaidh agus an Astráil, cainteoirí Béarla ach go háirithe.

GUARANÁ: Deoch bog déanta as caora *guaraná* as an Amasóin a thugann fuinneamh duit.

IANSÃ: *Orixá* (bandia) na gaoithe agus na tintrí.

IAÔ: Ball sinsearach in *terreiro* de chuid an *Candomblé*.

IEMANJÁ: *Orixá* (bandia) na mara agus na torthúlachta.

IGREJA UNIVERSAL DO REINO DE DEUS: Lit. 'Eaglais Uilíoch Ríocht Dé'; Eaglais Phrotastúnach Shoiscéalaíoch a bunaíodh sa Bhrasaíl sna 1970í.

INVASÃO: Leagan cainte a úsáidtear in Salvador chun tagairt do cheantar tithíochta ar tógadh na tithe go mídhleathach ann.

IORUBÁ: Cine as iarthar na hAfraice, ón gceantar a bhfuil an Nigéir suite sa lá atá inniu ann.

JABUTICABA: Toradh tropaiceach corcra.

JACA: Toradh tropaiceach ollmhór a bhfuil blas milis air.

JIBÓIA: Buachrapaire.

MÃE-DE-SANTO: An téarma i bPortaingéilis do cheannaire reiligiúnda baineann sa *Candomblé*.

MORENO: Lit. 'Duine donn'; leagan cainte Brasaíleach chun tagairt do dhaoine a bhfuil dath 'caife le bainne' ar a gcraiceann.

MULATO: Leagan cainte Brasaíleach chun tagairt do dhuine ó dhúchas measctha Afracach agus Eorpach.

MUNGUNZÁ: Bia traidisiúnta de chuid an *Candomblé* a bhfuil antóir air mar bhricfeasta freisin, déanta as arbhar Indiach bán agus bainne chnó cócó.

NEGRO: Leagan cainte Brasaíleach chun tagairt do dhuine gorm.

OGUM: *Orixá* (dia) an chogaidh agus na miotalóireachta.

ORIXÁ: Lit. 'Aingeal Cinn'; dia nó bandia de chuid an *Candomblé.*

OXAGUIÃ: *Orixá*; Oxalá agus é ina fhear óg.

OXALÁ: *Orixá* (dia) an chirt.

OXALUFÁ: *Orixá*; Oxalá agus é ina sheanóir.

OXUMARÊ: *Orixá* (dia) an tuar cheatha agus an tsaibhris.

PAI-DE-SANTO: an téarma i bPortaingéilis do cheannaire reiligiúnda fireann sa *Candomblé.*

PITANGA: Toradh tropaiceach dearg a bhfuil blas citris air.

PLANO REAL: Plean eacnamaíochta a cuireadh i bhfeidhm sa Bhrasaíl i 1994 agus a thug isteach airgeadra nua, an *Real*, chun dul i ngleic leis an mboilsciú ollmhór airgid sa tír ag an am.

QUILOMBO: Baile de sclábhaithe ar a dteitheadh.

REAL: Airgeadra na Brasaíle.

REAIS: Iolra *Real.*

SARAPATEL: Bia traidisiúnta de chuid Bahia a dhéantar d'fhuíoll feola.

SENHOR DO BONFIM: Íosa Críost ag nóiméad a bháis; nó an *Orixá* Oxalá. Duine de phátrúin Salvador.

SERTÃO: Drochthailte intíre Bahia.

SORVETERIA: Bialann uachtair reoite.

TAPIOCA: Plúr déanta as meacan casabhaigh.

VATAPÁ: Anlann tiubh spíosrach.

XANGÔ: 1. *Orixá* (dia) na tine. 2. Reiligiún Afra-Bhrasaíleach chathair Recife.

FOINSÍ

Imparato, Ivo agus Ruster, Jeff. 2003.
Slum Upgrading and Participation - Lessons from Latin America.
The World Bank, Washington D.C.

Alston, Philip. 2008.
Report of the Special Rapporteur on extrajudicial, summary or arbitrary executions, Addendum, Mission to Brazil.
United Nations.

Cunha, Henrique Jr. 2007.
Os Negros Não se Deixaram Escravizar - Temas para as Aulas de História para Afrodescendentes
Revista Espaço Acadêmico (eagrán 69)